MANHÃS COM O *Espírito Santo*

MANHÃS COM O *Espírito Santo*

OUVINDO DIARIAMENTE A DOCE VOZ DE DEUS

JENNIFER LeCLAIRE

Tradução:
Ana Paula Argentino

THOMAS NELSON BRASIL®

Rio de Janeiro, 2023

Título original: *Mornings with the Holy Spirit*

PUBLISHER	Omar de Souza
GERENTE EDITORIAL	Samuel Coto
EDITOR	André Lodos Tangerino
COORDENAÇÃO DE PRODUÇÃO	Thalita Aragão Ramalho
PRODUTOR EDITORIAL	Lara Gouvêa
TRADUÇÃO	Ana Paula Argentino
COPIDESQUE	Marcus Aurélio de Castro Braga
REVISÃO	Daniel Borges
DIAGRAMAÇÃO	Filigrana
ADAPTAÇÃO DE CAPA	Lucio Nöthlich Pimentel

As citações bíblicas são da Nova Versão Internacional (NVI), da Bíblica, Inc., a menos que seja especificada outra versão da Bíblia Sagrada.

CIP-BRASIL. CATALOGAÇÃO-NA-FONTE
SINDICATO NACIONAL DOS EDITORES DE LIVROS, RJ

L19m
LeClaire, Jennifer 1956-

Manhãs com o Espírito Santo/ Jennifer LeClaire; [tradução Ana Paula Argentino]. - Rio de Janeiro: Thomas Nelson Brasil, 2016.

Tradução de: *Mornings with the Holy Spirit*

ISBN 978.85.7860.889-7

1. Cristãs. - Vida espiritual. 2. Cristianismo. 3. Vida Cristã I. Título.

CDD: 248.843
CDU: 27-584

Rua Nova Jerusalém, 345 – Bonsucesso
Rio de Janeiro – RJ – CEP 21042-235
Tel.: (21) 3882-8200 – Fax: (21) 3882-8212 / 3882-8313
www.thomasnelson.com.br

Dedico este livro à minha filha, Bridgette, um presente valioso de Deus, que me ensinou a amar incondicionalmente e me inspirou a renunciar a vida por outra pessoa. Seu coração é pronto para perdoar, sua alegria é contagiante e sua perseverança é um exemplo de como Cristo nos fortalece para fazermos todas as coisas quando buscamos sua vontade. Não consigo imaginar minha vida sem a oportunidade de educar essa bela jovem mulher. Eu amo você, Bridgette, e Deus a ama até mais do que eu.

Introdução

Eu fugi de Deus por muitos anos antes de finalmente me render à sua vontade; mas uma evidência clara prova que sua mão estava em minha vida mesmo quando eu estava fugindo em direção oposta. Na verdade, quando meu marido me abandonou em 1999 com um bebê de dois anos de idade, eu cerrei meu punho para Deus e exigi respostas pela injustiça. Mas ele estava silencioso; agora sei, no entanto, que ele estava me guardando e protegendo. Seus planos para mim são planos de fazer-me prosperar, e não causar-me dano, planos de dar-me esperança e um futuro (Jeremias 29:11).

Cerca de dezoito meses depois que meu marido desapareceu e transformou nossa vida em um pandemônio, fui presa por um crime que não cometi. Eu estava enfrentando cinco anos de prisão — uma sentença que teria deixado minha filha basicamente órfã. Indefesa e sem esperança, finalmente clamei a Deus — e ele me libertou do plano do inimigo para destruir nossa vida. Vestindo um macacão laranja fluorescente em uma prisão sombria, eu rendi meu coração para aquele que me criou, e a paz de Deus que excede todo o entendimento guardou meu coração e minha mente em Cristo Jesus (Filipenses 4:7).

Eu estava neste cenário — uma prisão cheia de prostitutas, viciadas em drogas, ladras e todos os tipos de criminosas violentas — quando ouvi a voz mansa e delicada de Deus pela primeira vez. Nesse lugar de cativeiro, descobri que onde está o Espírito do Senhor, ali há liberdade (2Coríntios 3:17). Diante da impossibilidade, Deus me ensinou que tudo é possível àquele que crê (Marcos 9:23).

Jamais esquecerei minha experiência. O Espírito Santo me mostrou na Palavra e falou ao meu coração que eu seria liberta em quarenta dias. Sendo uma nova convertida, não tinha ideia que o número quarenta era um símbolo de teste e provação, mas todas as vezes que eu abria minha Bíblia, lia um relato que girava em torno desse número: os quarenta anos de Moisés no Egito, os quarenta anos dos israelitas no deserto, a experiência de Noé com o Dilúvio de quarenta dias, os quarenta dias de Jesus no deserto.

Após vários dias de orientação sobrenatural através da Palavra, o Espírito Santo deixou bem claro em meu coração que seria liberta da injustiça da prisão em quarenta dias. Parecia impossível, considerando que o juiz tinha recusado conceder-me liberdade sob fiança três vezes — e esse mesmo juiz estava de férias semanas depois do quadragésimo dia de minha prisão. Tudo que posso dizer é "Mas Deus". No quadragésimo dia, fui chamada para uma cela com outras presidiárias. Eu nunca tinha sido julgada ou condenada pelos meus acusadores. Nunca tinha ficado diante de um juiz terreno. Felizmente, *o* Juiz — Jesus Cristo — não é um homem de mentiras. Eu fui liberta no quadragésimo dia, bem como o Espírito Santo me disse que seria.

Aquilo foi o começo de uma bela amizade com o Espírito Santo, que abriu a porta para receber todas as suas recompensas: direção, orientação, revelação, conforto, verdade, graça e muito mais. O Espírito Santo é tão fiel! Ele nunca falha ao falar em meu coração nos momentos cruciais, ele é rápido para me alertar quando estou indo pelo caminho errado. Ele oferece graciosamente a sabedoria que preciso para vencer qualquer obstáculo. E ele sempre tem uma palavra para mim no devido tempo, quando sou diligente em manter um ouvido e um coração atento.

Deus restaurou minha vida de maneira linda, mais do que reparando a injustiça de ser abandonada com um bebê, e também de ser falsamente acusada e presa. Hoje, trabalho como editora-chefe na revista *Charisma*, um periódico moderno publicado por uma das maiores empresas de mídia cristã no mundo. Escrevi mais meia dúzia de livros, ministrei em vários países e apareci em muitas transmissões de rádio e televisão. Também dirijo um ministério de oração bem-sucedido em Fort Lauderdale, Flórida. E o mais importante, tenho um relacionamento especial com minha filha maravilhosa, que tem resistido às tempestades da vida comigo.

À medida que meu relacionamento com o Espírito Santo se desenvolveu no decorrer dos anos, aprendi muito sobre a maneira que ele fala e o que gosta de falar. Se você estiver atento, não é difícil escutá-lo. Ele se comunica através de leves impressões, sonhos, visões, circunstâncias, a natureza, outras pessoas — e, é claro, através da Escritura. Porém, na maioria das vezes, ele fala com a voz mansa e delicada que ouvi pela primeira vez na prisão. Ele usa isso para nos comunicar seu assunto favorito: Deus Pai, Jesus e nós.

O Espírito Santo gosta de falar sobre o Pai. Gosta de falar sobre Jesus. Gosta de falar sobre seu amor por nós; sua satisfação por nós; seu desejo em nos ajudar, ensinar, confortar, orar conosco, fortalecer e nos guiar na verdade — sobre Deus e sobre nós mesmos. Gosta de nos lisonjear em sua presença. Gosta de envolver nosso coração em diálogos e em adoração.

Imagino que os discípulos ficaram chocados quando Jesus lhes afirmou que era para o bem deles que ele fosse embora; se ele não fosse, o Conselheiro não viria; mas se ele fosse, ele o enviaria (João 16:7). Até aquele momento, os discípulos não tinham um relacionamento com o Espírito Santo, então não sabiam o que estavam perdendo. Mas Jesus percebeu que, sem o Espírito Santo, seus seguidores — incluindo nós — não seriam capazes de cumprir o chamado de Deus em sua vida; então ele enviou o Espírito Santo, Ajudador, Mestre, Consolador, Advogado, Intercessor, Fortalecedor, aquele que nos capacita e está sempre de prontidão, o Revelador da Verdade (veja João 14—16).

A Bíblia confirma que o Espírito Santo é a terceira pessoa da Trindade, da mesma substância que o Pai e o Filho (Atos 5:3-4). Ele é o co-criador do universo (Gênesis 1:1-3) e o autor da Escritura (2Timóteo 3:16). Ele é onipresente (Salmos 139:7-10), onisciente (1Coríntios 2:9-11) e onipotente, assim como são as outras duas pessoas (Lucas 1:35; Romanos 15:19). Ele é aquele que pairou sobre Maria e a fez conceber Jesus (Mateus 1:18; Lucas 1:35), e ele glorificará a Cristo para sempre (João 16:14).

Desenvolver um relacionamento com o Espírito Santo é fundamental para quem deseja descobrir e cumprir a vontade de Deus para sua vida. Ele faz muito por nós! Veja esta lista.

O Espírito Santo:

- Ama-nos (Romanos 15:30)
- Regenera e renova nossa alma (Tito 3:4-5)
- Convence-nos do pecado (João 16:7-9)
- Ensina-nos (Neemias 9:20; João 14:26)
- Guia-nos a toda a verdade (João 16:13)
- Conduz-nos (Romanos 8:14)
- Revela-nos as coisas que Deus tem preparado para nós (1Coríntios 2:9-10)
- Fala conosco (João 15:26; 16:13–15; Atos 8:29; 10:19; 11:12; 13:2; 16:6-7; 1Timóteo 4:1; Hebreus. 3:7; Apocalipse 2:7, 11, 17, 29; 3:6, 13, 22) e através de nós (Mateus 10:20; 1Coríntios 12:3; 14:2; Atos 2:4; 11:28; 21:4, 11)
- Ora por nós (Romanos 8:26)
- Transforma-nos à imagem de Cristo (2Coríntios 3:18)
- Faz-nos manifestar seu fruto — amor, alegria, paz, paciência, amabilidade, bondade, fidelidade, mansidão e domínio próprio — enquanto caminhamos no Espírito, em vez de caminhar na carne (Gálatas 5:16-23)

- Cobre-nos com o poder de Cristo (Atos 1:8)
- Dá-nos dons espirituais (1Coríntios 12:1-11; Hebreus 2:4)
- Unge-nos para o ministério (Lucas 4:18)

O Espírito Santo faz tudo isso por nós e muito mais. E embora ele seja capaz de fazer sua voz ser ouvida para qualquer um em qualquer momento, conhecê-lo verdadeiramente exige sintonizar seus ouvidos sistematicamente à sua voz mansa e delicada e seguir sua direção.

Escrevi este livro porque estou ciente que muitos cristãos que amam ardentemente a Deus e a Jesus com todo o coração, mente, alma e força estão menos familiarizados com o Espírito Santo. Recebo e-mails de pessoas ao redor do mundo que anseiam ter comunhão com o Espírito de Deus e ouvir sua voz mansa e delicada, mas não sabem como ou não creem que seja possível. Recebo mensagens de pessoas desesperadas por edificação, exortação, conforto, direção e liderança do Espírito Santo. Alguns não aprenderam a sintonizar sua voz em meio ao caos da vida. Outros deixam passar suas palavras porque não estão acostumados a identificar sua voz mansa e delicada e a discernir o tipo de coisas que ele diz.

Não posso ensinar-lhes tanto quanto gostaria — um por um — como acalmar sua alma e ouvir a voz do

Espírito Santo que falará as verdades transformadoras da vida e as orientações práticas do dia a dia. Mas através deste livro, posso compartilhar com vocês as palavras inspiradoras que ele tem falado ao meu coração na esperança que elas não só os motivem, mas também os capacite com as exortações proféticas e o apoio espiritual que você precisa para avançar em direção a Deus, para satisfazer sua fome e sede por mais.

Este devocional diário contém palavras proféticas que o Espírito Santo falou ao meu coração dia a dia enquanto passava tempo com ele. Essas palavras me incentivaram quando tinha vontade de desistir, inspiraram-me a levantar e lutar para o que Cristo tem me dado, tocou meu coração com a revelação do amor imenso que nosso Pai celestial tem por mim e muito mais. Oro para que elas também falem ao seu coração, mexam com a sua fé e façam você avançar para ouvir Deus sozinha. Ele quer falar com você pessoalmente e ter comunhão com você de modo íntimo. À medida que você reflete nas anotações diárias, escreva o que percebe que o Espírito Santo está lhe dizendo — além do que vê nas páginas deste livro. Depois, use suas palavras para incentivar os outros e inspirá-los para passar tempo em sua presença, aprendendo a ouvir sua voz mansa e delicada assim como você aprendeu.

— Jennifer LeClaire

Janeiro

"Nos últimos dias", diz Deus, "derramarei do meu Espírito sobre todos os povos. Os seus filhos e as suas filhas profetizarão, os jovens terão visões, os velhos terão sonhos. Sobre os meus servos e as minhas servas derramarei do meu Espírito naqueles dias, e eles profetizarão."

— Atos 2:17-18

Estipule seguir seus desejos

Estipule seguir seus desejos, pois eu coloquei esses desejos em seu coração à medida que você tem se alegrado no Pai. Enquanto você continua a buscar em primeiro lugar o Reino e a nossa justiça, dirigirei seus passos em um caminho iluminado que a levará onde nós dois queremos que vá. Longe de Cristo você não pode fazer nada, mas você não está longe de Cristo. Está em Cristo e ele está em você. Se estipular alcançar seu chamado e se firmar e depender de mim para guiá-la, nada a impedirá.

Salmos 37:4; Mateus 6:33; Provérbios 3:5

Oração

Obrigada por tua fidelidade aos sonhos que colocas em meu coração. Dá-me um coração determinado, que não se desviará para a direita nem para a esquerda. Ajuda-me a concentrar-me em tua perfeita vontade para mim neste dia e todos os dias.

2 de janeiro

Eu amo ouvi-la orar

Eu amo ouvir sua voz em oração todas as manhãs quando você acorda. É uma das partes preferidas do dia. Quando você acorda e começa a declarar seu amor por nós, isso comove nosso coração. Quando me questiona, é meu prazer responder. Quando fala ao meu coração, é minha alegria falar ao seu. Eu ouço sua voz mesmo quando o ritmo frenético da vida torna difícil você ouvir minha voz. Então, continue a elevar a sua voz ao Pai em oração. Continue contando-me sobre suas lutas e medos, sonhos e vitórias. Eu estou escutando.

Salmos 63:1; Salmos27:4; Salmos 34:15

Oração

Faz-me lembrar de começar cada dia louvando o teu nome e elevando os meus pedidos ao trono do Pai — e ajuda-me porque não sei orar como devo. Eu confio em ti para me ajudares a tocar o coração do Pai em oração.

Quem você diz que eu sou?

Uma vez Jesus perguntou aos seus discípulos "Quem vocês dizem que eu sou?" Muitos sabiam que ele era um grande profeta, mas só Pedro recebeu a revelação de que ele era o Cristo, o Filho do Deus vivo. Agora, eu lhe pergunto, quem você diz que eu sou? Muitas pessoas desprezam minha obra em suas vidas porque não entendem quem eu sou. E até aqueles que me conhecem nem sempre têm uma consciência constante da minha presença e uma revelação profunda do meu amor por eles. Quem você diz que eu sou? Busque o meu coração, e lhe mostrarei um novo âmbito da minha fidelidade, minha bondade e muito mais. Busque o meu coração.

Lucas 9:18-21; Isaías 11:2; Gálatas 5:22.23

Oração

Espírito Santo, eu sei o que Jesus disse sobre ti e eu li sobre ti na Escritura, mas quero te conhecer mais e mais — com base na experiência. Eu quero sentir quem tu és de uma maneira nova. Ajuda-me a buscar teu coração e mostra-me mais sobre ti.

4 de janeiro

Olhe para o seu destino

Não olhe para trás. Eu conheço suas feridas. Conheço suas mágoas. Conheço suas decepções. Eu vi as traições. Vi as lágrimas. Eu estava com você em meio a dor e estou aqui para fazer dar certo. Vou agir em tudo — nas feridas, nas decepções, nas traições — para o seu bem porque você me ama e eu amo você. Eu irei lhe dar a beleza em vez de cinzas. Mas você tem que deixar essas cinzas para trás, assim posso ressuscitar a novidade de vida daquelas coisas que o inimigo tentou roubar, matar e destruir.

Lembre-se da mulher de Ló. Não olhe para trás. O seu destino está à sua frente e eu estou lhe conduzindo rumo aos seus sonhos.

Filipenses 3:12.4; Isaías 61:3; Romanos 8:28

Oração

Obrigada pelo teu poder de cura em minha alma. Para avançar além do passado e rumo ao meu chamado em Cristo. Mostra-me como fazer a troca divina que me dará a beleza em vez de cinzas, e eu glorificarei o teu nome.

Posso fazer mais do que você pode imaginar

Remova os limites. Percebe que o poder que ressuscitou Cristo Jesus dos mortos habita em você? Sabe que eu sou capaz de fazer mais — mais, muito mais — por você além do que pode imaginar? Sabe que eu quero fazer? Vai crer em mim da mesma forma que eu acredito em você?

Remova os limites! Sonhe comigo! Deixem os seus olhos verem, os seus ouvidos ouvirem e o seu coração habitar no que tenho preparado para quem amo. O seu melhor está por vir. Somente creia.

Efésios 1:19-20; Efésios 3:20; 1Coríntios 2:9

Oração

Tuas promessas são gloriosas e quero caminhar em cada uma delas. Quero ver as coisas da maneira que tu as vês. Revela-me as coisas que tens preparado para mim em amor. Toca em meu coração para seguir-te rumo à tua perfeita vontade.

6 de janeiro

As suas fraquezas não me decepcionam

Eu sei que você se sente fraca em alguns dias. Alegre-se! A minha força é aperfeiçoada na sua fraqueza. A sua fraqueza não me surpreende, nem me decepciona. Sei que nem sempre venceria suas batalhas interiores com a tentação quando desejei você neste relacionamento. Você é uma obra em progresso, mas eu lhe vejo como uma obra-prima, apesar das suas falhas. Vejo-lhe como uma vencedora! Eu lhe vejo através dos olhos do amor. Através do sangue de Jesus. Então, invoque-me para fortalecê-la e eu ajudarei a vencer as suas fraquezas.

2Coríntios 12:9; Efésios 2:10; Efésios 3:16

Oração

Fico muito feliz que nada pode me separar do teu amor. Fortalece-me em meu interior, assim posso resistir a todas as tentações do maligno. E ajuda-me a ver a mim mesma do jeito que me vês — completa em Cristo.

Eu a amo do jeito que você é

Você não tem que tentar ser alguém que não é. Eu amo você do jeito que foi criada. Não se compare com mais ninguém. Eu lhe dei dons e talentos únicos, e a chamei para um tempo como este. Se você permitir que a frustação preencha seu coração, você está impedindo minha graça. Então, rejeite as comparações. Rejeite as frustações. Rejeite o esforço. Aceite quem você é agora. Siga em frente como a pessoa que eu a chamei para ser, e os seus dons únicos terão espaço em você.

1João 4:8; 2Coríntios 10:12, 1Coríntios 12

Oração

Tu vês dentro do meu coração de formas que eu não vejo a mim mesma. Ajuda-me a não me comparar com os outros ou ceder às frustações da vida diária. Ajuda-me a descansar em ti em vez de se esforçar. Mostra-me como fazer as coisas da tua maneira em vez da minha.

8 de janeiro

Não duvide!

A dúvida é a porta para a incredulidade. Ela é prima do medo e da suspeita e impede o discernimento. O inimigo quer que você caminhe na maldição da dúvida. Ele quer que você se preocupe dia e noite. Mas Jesus veio para redimi-la da maldição. O Pai lhe deu a medida de fé que abre a porta para suas promessas. Resista à dúvida como você resistiria ao Diabo e deixe sua fé aumentar enquanto medita nas bênçãos que ele lhe prometeu.

Gálatas 3:13; Romanos 12:3; Josué 1:8

Oração

Mostra-me quando a dúvida estiver tentando entrar na minha alma. Dá-me um espírito de discernimento, assim posso reconhecer os ataques do inimigo para manchar minha fé com suas mentiras. Eu me submeto a ti. Dá-me a força a fim de resistir o Diabo, para que ele venha a fugir.

Nunca é muito tarde para recomeçar

Qualquer que seja a destruição que o inimigo trouxe para sua vida, você pode recomeçar. O Pai recomeçou com Noé após a destruição do dilúvio. Ele fez uma aliança com o homem de jamais inundar a terra novamente. E ele fez uma aliança com você através do seu Filho. Então, fique em paz, sabendo que quando o inimigo vier como uma inundação, o Pai levantará uma proteção contra ele. E o que o inimigo tinha em vista para o mal, o Pai tinha em vista para o bem. Você pode recomeçar em minha graça. Nunca é muito tarde para recomeçar em Cristo.

Gênesis 9:17 Isaías 59:19 Gênesis 50:20

Oração

Obrigada por tua aliança comigo. Obrigada por me protegeres dos enganos do inimigo. Obrigada por me dares um novo começo em Cristo. Unge-me para sair da antiga fase e caminhar para o que tens planejado para mim.

Eu quero ajudá-la

Eu sei que é muito difícil para você, mas não é muito difícil para mim. Eu quero ajudá-la. Eu sou o seu Auxiliador e encontro alegria ao caminhar ao seu lado, compartilhar a minha força, mostrando-lhe as coisas que virão e dando-lhe as palavras certas para dizer. Às vezes, sei que as coisas parecem impossíveis e você não consegue ver a saída nem caminho. Mas eu conheço o caminho: seu nome é Jesus. Estou aqui para guiá-la e conduzi-la, então me siga, e a confusão e o estresse darão caminho à clareza e à paz.

Jeremias 32:27; João 14:26; João 16:13

Oração

Espírito Santo, eu preciso da tua paz. Eu preciso da tua força. Eu preciso da tua direção. Por favor, ajuda-me a ficar mais sensível ao teu conduzir a cada momento, e enche a minha alma com a confiança em Cristo e a paz de Deus que excede todo o entendimento. Estou disposta a te seguir.

Eu sou o seu amigo fiel

Mesmo aqueles pequenos momentos quando você pensa em mim encantam o meu coração. Você é a minha amiga fiel e eu sou o seu amigo fiel. Eu tenho olhos somente para você, e quando você olha o máximo possível para meu caminho, isso emociona meu coração.

A nossa comunhão é minha alegria: a sua voz é doce melodia. Estou sempre em sua presença e você está sempre em minha presença. Juntos podemos fazer tudo. Eu sou sua graça. Eu sou seu amigo fiel.

Salmos 17:8; Cântico dos Cânticos 1:13-16

Oração

Jamais conheci alguém tão belo quanto tu. Hás de ter-me como a menina dos teus olhos? Irás esconder-me à sombra das tuas asas? Protege-me e guarda-me e darei o meu amor em abundância a ti. Tu és digno de receber todo o meu ser.

12 de janeiro

Revelarei Jesus a você

É a minha alegria revelar Jesus ao seu coração. Ele a ama com um amor apaixonado. Ele sempre está intercedendo por você ao Pai. E ele sempre tem uma Palavra de conforto e força para compartilhar com você. Eu quero que você o conheça do jeito que eu o conheço. Você vai me permitir fazê-lo mais conhecido para você através de sua Palavra? Abra os Evangelhos com fé, e derramarei um espírito de sabedoria e revelação no conhecimento de Jesus. Enquanto contemplamos juntos sua beleza, você será transformada à sua imagem.

Efésios 1:7; Salmos 27:4; 1Coríntios 3:18

Oração

As tuas promessas me impressionam e eu as aceito! Dá-me a revelação e a sabedoria no conhecimento de Jesus. Mostra-me tua glória. Mostra-me tua beleza. Fixa os meus olhos em teu coração. Ajuda-me a voltar para ti e somente a ti.

VOCÊ PODE CONTAR TUDO

VOCÊ PODE CONFIAR em mim. Eu sou o seu confidente. Sou o seu conselheiro. Você pode me contar tudo. Compartilhe seus sonhos dados por Deus comigo e eu irei ajudá-la a realizá-los. Compartilhe os seus medos comigo e irei ajudá-la a vencê-los. Compartilhe suas orações comigo e eu irei levá-las ao Pai. Você pode confiar em mim. Ver você caminhar em tudo o que Jesus tem para você — ajudá-la a alcançar o seu destino em Cristo — é parte de minha missão. Eu estou do seu lado! Eu sou por você, e não contra você.

JOÃO 14:26; ROMANOS 8:26; ROMANOS 8:31

→ ORAÇÃO ←

Eu preciso da tua ajuda mais do que imaginava. Por favor, ouve meu coração e ajuda-me a confiar e depender de ti como o Amado da minha alma. Liberta-me do mal e ajuda-me a torna-me tudo pelo que Jesus morreu e ressuscitou por mim. Ajuda-me a confiar mais em ti.

14 de janeiro

Eu irei dar-lhe sabedoria e estratégias para a vitória

Assim como estive com Moisés, e Josué e Davi, capacitando-os com sabedoria e revelação, libertando-os da mão do inimigo, assim estou com você. Eu sou o poder que derrota todos os seus inimigos. Fale contra o seu adversário espiritual em nome de Jesus, e imporei a vontade do Senhor contra os seus inimigos — eles cairão em derrota. Eu irei dar-lhe sabedoria para todas as batalhas e revelar estratégias para a vitória. Assim como estive com Moisés, Josué e Davi, eu estou com você.

Zacarias 4:6; Salmos 31:8; Salmos 24:8

Oração

Dá-me uma revelação da tua presença e o entendimento do poder do nome de Jesus de que eu posso permanecer com confiança — sem medo — contra os enganos do inimigo e ver tua vitória em minha vida. Obrigada pela autoridade para usar o nome de Cristo!

Eu estou esperando para revelar a verdade

Estou mais perto do que pensa. Estou mais próximo do que sabe. Eu sempre estou com você — esperando. Estou esperando por você para se envolver em um diálogo comigo. Eu quero mostrar-lhe as coisas que virão. Eu desejo revelar mais de Jesus e do Pai para você. Eu amo quando você me faz perguntas, porque isso é a minha alegria, conduzi-la em toda a verdade. Eu estou bem aqui. Eu tenho todo o conhecimento. O que você quer saber? Pergunte-me como. Eu vou conduzi-la e guiá-la para a informação e a revelação que você deseja.

João 16:13; Tiago 1:5; Mateus 7:7

Oração

Tu és quem revela a verdade e és o doador da sabedoria. Tu me darás a sabedoria para perguntar o que realmente preciso saber? Mostra-me o que perguntar e crescerei em tua sabedoria e alegria. Estou aberta para receber o teu conselho sábio em todas as áreas da minha vida.

Prepare-se para um novo tempo

Eu lhe dei um dom e espero que você o use. Você imaginou muitas vezes por que o seu dom não teve espaço em você. Mas, minha amiga, você deve dar o primeiro passo e dar espaço para o dom. Deve remover e abandonar aquelas coisas que a estão distraindo do meu propósito para a sua vida. Quero levá-la para as águas profundas. Prepare-se para um novo tempo no qual os meus dons se manifestarão através de você para a glória de Cristo.

Provérbios 18:16; 1Coríntios 13:11; Hebreus 12:1

Oração

Quero glorificar Cristo com os dons que tens me dado. Produzirei os teus frutos se fizeres o teu caminho conhecido a mim. Ajuda-me a me afastar de qualquer coisa e de tudo o que está me distraindo do teu amor, da tua presença e da tua vontade.

Não permita que as pessoas distraiam você

Avalie sua vida. Quando você tira tempo para refletir em seus relacionamentos, fica fácil ver quem a está ajudando e quem a está distraindo da vontade do Pai. Saiba uma coisa: o inimigo da sua alma está em uma missão para impedir seu destino. Ele geralmente trabalha através das pessoas — às vezes, até mesmo as pessoas que você gosta. O inimigo usa as pessoas que você não conhece assim como as pessoas que estão próximas a você para afastar sua atenção da nossa vontade. Ame as pessoas; elas não sabem que o inimigo as está usando. Mas não seja enganada. Concentre-se naquilo que o Pai me chamou para fazer.

João 10:10; Efésios 5:2; Tiago 1:22

Oração

Ajuda-me a me concentrar em ti e na tua vontade para minha vida e não naquilo que as pessoas pensam que devo fazer. Por favor, dá-me discernimento para reconhecer quando o inimigo está usando as vozes das pessoas ao meu redor para me distrair da tua verdadeira direção.

18 de janeiro

ESQUEÇA O QUE FICOU PARA TRÁS

É um novo dia. Esqueça o que ficou para trás e siga em frente para o que Jesus tem para você. Não deixe que sua mente vagueie para as pessoas e os lugares do passado, por mais que seja bom ou ruim. Se você tentar seguir em frente enquanto olha para trás, tropeçará. Também tropeçará na frustação porque as coisas não saíram do jeito que esperava ou porque suas circunstâncias atuais não correspondem àquelas do seu passado. Não olhe para trás. Ele vai cuidar do passado, do presente e do futuro se você mantiver a sua mente nele.

FILIPENSES 3:13-14; ISAÍAS 43:19; EFÉSIOS 2:10

ORAÇÃO

Espírito Santo, quando minha mente vagueia da tua verdade, por favor, fala ao meu coração e faz-me lembrar que o passado é passado e que o futuro é alegre. Por favor, dá-me um vislumbre do que está adiante, assim posso seguir em frente ao chamado de Deus em Cristo Jesus.

Continue clamando

Às vezes, quando você luta pelo o que é certo, as pessoas ao seu redor irão chamá-la de fanática e dizer que você está reagindo de forma exagerada. Mas a verdade é verdade, e você é chamada para proclamá-la. Às vezes, quando você busca a Jesus com todo o seu coração, toda a sua mente, toda a sua alma e toda a sua força, as pessoas dirão que você é muito fervorosa. Mas fervor é fervor.

Lembre-se do cego Bartimeu! Ele precisava de um toque de Jesus, então, em vez de permanecer quieto quando o Messias passou, clamou por ele. As pessoas ao lado dele disseram-lhe para calar a boca, mas ele clamou mais alto. Não pare de clamar pela verdade. Não pare de clamar por um toque de Jesus. Não deixe que ninguém apague o fogo. Nós amamos isso!

Lucas 10:27; João 14:6; Marcos 10:46-52.

Oração

Eu quero arder e brilhar por ti mesmo quando as pessoas não entendem o meu amor por ti. Ajuda-me a compartilhar o teu coração com as pessoas ao meu redor, assim elas podem conhecer a ti do jeito que eu conheço e arder e brilhar comigo.

20 de janeiro

Coloque sua mente e seu coração em Jesus

LEMBRE-SE SEMPRE DISTO: você está no mundo, mas você não é do mundo. Coloque a mente e o coração em Jesus, e ele vai refrigerar sua alma. Não olhe para a direita nem para a esquerda, porque é onde o inimigo está esperando. Olhe para Jesus ao longo do caminho estreito. Espere por Jesus. Confie em Jesus. O Pai lhe deu os sonhos, as visões e os desejos de seu coração e ele vai realizá-los do seu modo, no seu tempo e na sua época. Não desista agora. O inimigo não é páreo para quem ama Jesus. Tome posse novamente do meu coração. Eu não irei decepcioná-la.

João 17:16-26; Hebreus 12:2; Salmos 37:4

Oração

Dá-me um foco, como o laser, em tua vontade
para que eu não seja movida pelas distrações
que vêm do mundo e do inimigo da minha alma.
Ensina-me a confiar em ti e no teu tempo para
as coisas boas que tens planejado para mim.

Peça-me sabedoria para estabelecer limites

As pessoas irão pressioná-la ao ponto da exaustão absoluta se você permitir. Elas não pretendem isso, e você não tem que deixar. Algumas pessoas sempre querem mais, mais, mais e mais, e elas não percebem que você não tem mais a dar, a menos que diga a elas. Você precisa dar somente o que nós lhe damos para compartilhar.

Se você não estabelecer limites na sua vida, ficará estressada e esgotada e, por fim, exaurida emocionalmente. Mas esconda-se em minha presença, e encontrará refrigério e restauração para a sua alma cansada. Eu tenho a sabedoria que você precisa para estabelecer os limites apropriados em sua vida. Simplesmente me peça.

Lucas 5:15-16; Mateus 5:37; Mateus 11:28

Oração

Meu coração é ajudar as pessoas; mas, às vezes, eu me esgoto ao não perguntar para ti primeiro. Faz-me lembrar de confirmar contigo antes de firmar um compromisso, assim eu não me esgoto emocionalmente e acabo ofendendo as pessoas que têm um coração disposto a ajudar. Ensina-me a dizer "não" com bondade.

22 de janeiro

NÃO FIQUE DESANIMADA QUANDO ENCONTRAR RESISTÊNCIA

QUANDO VOCÊ ENCONTRA oposição ao tentar atravessar a porta para as promessas do Pai, não fique frustrada ou desanimada. Quando der de cara com a resistência, geralmente significa que você está no caminho certo. Existe pouca resistência no caminho largo, o caminho estreito é cheio de pressão — a pressão de morrer para o ego para fazer o que é certo e a pressão do inimigo de voltar ao caminho largo. Eu posso lhe mostrar como encontrar a porta para as promessas do Pai. Então, é com você bater na porta e continuar batendo. Certamente, o Pai abrirá a porta no tempo determinado.

MATEUS 7:13-14; MATEUS 16:24; MATEUS 7:7

➔ ORAÇÃO ⬅

Mostra-me os teus caminhos e ajuda-me a caminhar neles. Dá-me um espírito perseverante que recusa a retroceder diante da oposição da tua vontade para minha vida. Eu confio em ti para me guiares e conduzires e abrires as portas certas no momento certo.

Renove a sua mente

Escute o seu eu interior: o que você está lhe dizendo sobre suas circunstâncias? Se prestar muita atenção, perceberá que não é a circunstância que a deixa tensa — é como você percebe a circunstância.

Renove sua mente para ver as coisas do modo que eu as vejo. Olhe através das lentes da Palavra e você irá barrar as mentiras do Diabo de criar raízes em seu coração. Como o homem imagina em sua alma, assim ele é. O que você está pensando em seu coração? O que se alinha com a Palavra de Deus? Veja por si mesma.

Provérbios 23:7; Romanos 12:2; Filipenses 4:8

Oração

Perdoa-me por olhar para as circunstâncias em vez de olhar para tuas promessas e ajuda-me a renovar a minha mente com a tua Palavra. Eu quero que meus pensamentos glorifiquem a ti. Quero ver as coisas do modo que as vês. Por favor, ajuda-me hoje e todos os dias.

24 de janeiro

ENTRE EM MEU DESCANSO

DESCANSE EM MIM. Sim, entre em meu descanso. Enquanto crer que sou um recompensador daqueles que me buscam diligentemente, que minha Palavra não voltará para mim vazia, mas fará o que desejo e atingirá o propósito para o qual a enviei, que sou fiel mesmo quando você é infiel — quando crer nisso tudo diante de qualquer situação —, você entrará em meu descanso, e a paz que excede todo o entendimento preencherá seu coração e alma. Existe o descanso para o cansado. E você está no meio de quem a está convidando para o meu descanso. Aceitará o meu convite?

HEBREUS 11:6; ISAÍAS 55:11; 2TIMÓTEO 2:13

ORAÇÃO

Sim, eu aceito o teu convite de entrar em teu descanso. Por favor, mostra-me como me livrar dos pensamentos apreensivos e incrédulos que estão obscurecendo a verdade em minha mente. Eu creio que tu és fiel e que tua Palavra é a verdade. Ajuda-me a aplicá-la em minha vida e a caminhar em tua paz.

Eu estou comprometido com você

Quando eu vim fazer morada em seu coração, eu me comprometi totalmente com você. Comprometi minha graça e meu poder. Comprometi minha bondade e paciência. Comprometi meu conforto e minha sabedoria. Comprometi minha misericórdia e meu amor. Comprometi tudo o que sou e tudo o que tenho com você. Não quebrarei meu compromisso com você. É de eternidade a eternidade. Você e eu — nós somos um. Eu sempre estou com você. Saiba disso e caminhe com confiança diante do amigo e do inimigo. O meu favor está sobre você.

1Coríntios 6:19; Hebreus 13:20-21; Hebreus 13:5

Oração

Obrigada pela tua aliança comigo. Obrigada por tua graça, poder, bondade, paciência, conforto, sabedoria, misericórdia, amor e favor para comigo. Ajuda-me a caminhar com confiança nas bênçãos espirituais que tens derramado sobre mim.

Alegre-se em Deus!

Existe força em minha alegria. Quando você se alegra no Pai, atrai sua sabedoria. Quando se alegra em Jesus e naquilo que ele fez por você no Calvário, atrai sua graça inigualável. Quando se alegra em mim e em quem sou para você, atrai meu poder para vencer todos os obstáculos. Você é fortalecida no espírito, na alma e corpo quando se alegra em nós. Você tem a oportunidade e liberdade de se alegrar em qualquer momento que escolher. Então eleve sua voz e seu coração para mim e irei fortalecê-la. Eu quero fortalecê-la. Quando você está fraca, eu sou forte.

Salmos 28:7; Filipenses 4:4; 2Coríntios 12:10

Oração

Meu coração se alegra em ti. Eu me alegro em tua sabedoria, graça e poder. Obrigada por me capacitares para vencer todos os obstáculos que impedem um relacionamento mais íntimo contigo. Obrigada pela vitória em todas as áreas da minha vida!

Caminhe em fé

Sua capacidade de receber do meu Espírito continuará aumentando à medida que caminha em fé em direção àquilo que está a sua frente. Isso exige que afrouxe algumas coisas que a prenderam, que a atrasaram ou impediram seu progresso. Você tem visto algumas dessas coisas, mas tem estado cega para outras. Eu irei mostrar-lhe o que precisa ver e quando precisa ver. Quando eu mostrar, caminhe em fé. Entre em acordo comigo. Deixe fluir e não olhe para trás. Eu quero mais de você. Aceite mais de mim. Receba a mudança que meu Espírito traz. Ela é boa.

Hebreus 12:1; Salmos 119:18; Efésios 1:18

Oração

Abre os olhos do meu coração! Ajuda-me a ver aquelas coisas que não posso ver que estão diminuindo minha fé. Quero ver do modo que vês, assim posso concordar com teu coração. Eu recebo as mudanças que estás fazendo em minha vida. Eu me rendo a ti.

Minhas mãos estão sempre sobre você

Minha mão está sempre sobre você. Quando você passar pelo fogo, minha mão está sobre você. Quando você passar pelo deserto, minha mão está sobre você. Até no vale da sombra da morte, minha mão está sobre você. No topo da vitória, minha mão está sobre você. No transbordar da abundância e na escassez, minha mão está sobre você. Na alegria ou na tristeza, minha mão está sobre você. Lembre-se dessa verdade em todo tempo, bom ou mau.

Eu estou no controle e estou dirigindo os seus passos. Então, caminhe em fé sabendo que minha mão está sobre você e que ninguém pode arrancá-la de mim.

Isaías 43:2; Salmos 23:4; Filipenses 4:12-13

Oração

Sou tão grata por estares sempre comigo, não importa qual fase, tribulação ou provação eu atravesse! Por favor, dá-me uma revelação maior da tua graça e da tua presença em meio aos tempos difíceis. Estou satisfeita em tua presença.

VÁ MAIS FUNDO EM MEU AMOR

NADA PODE PARÁ-LA de entrar nas profundezas do meu amor exceto os pensamentos e as crenças erradas acerca de quem eu sou. Eu quero levá-la mais fundo, mas você deve ver outra dimensão do meu coração para estar disposta a se entregar mais completamente em mim. O inimigo quer que tenha medo do novo nível que desejo trazer até você. Mas o meu perfeito amor expulsará o medo — se você permitir. Medite em meu amor por você e me siga no lugar secreto, onde posso compartilhar a profundeza da minha compaixão com você. Você jamais será a mesma.

1João 4:18; Salmos 91:1

Oração

Eu quero ir mais fundo contigo. Mostra-me onde meus pensamentos e crenças estão desalinhados com tua verdade. Mostra-me teu coração de amor e compaixão por mim. Leva-me ao teu lugar secreto onde eu posso vir a te conhecer melhor.

30 de janeiro

Coloque de lado todo o peso

Coloque de lado todo o peso que a atrapalha. Você sabe o que são alguns desses pesos. Coloque essas ansiedades sobre mim. Elas atrapalham sua caminhada. Mas existem outros pesos — feridas e mágoas — que você nem sequer se lembra de carregar. Vi você ajeitar o seu rosto como lasca de pedra e passar como arado em minha vontade. Eu a ajudei. Eu vi surgirem deboches contra você, as palavras duras de desaprovação, os relacionamentos destruídos. Esses são os pesos que a estão atrasando. Renda-se a mim agora. Deixe-me lavar e limpar seu coração do resíduo desses sofrimentos. Deixe que o bálsamo de Gileade faça seu trabalho.

1Pedro 5:7; Salmos 55:22; Jeremias 8:21-22

→ Oração ←

Eu me recuso a permitir que os cuidados deste mundo ou as feridas do passado me atrasem mais, porém eu preciso da tua graça. Lava-me com teu poder de cura e ajuda-me a perdoar aqueles que me ofenderam. Eu escolho perdoar.

Abra bem seus olhos espirituais

Abra bem seus olhos espirituais para ver o que a Palavra realmente diz. Abra seus olhos espirituais e verá e entenderá o verdadeiro significado das palavras que inspirei. Deixe que elas a inspirem. Deixe que elas a fortaleçam. Deixe que elas a direcionem. Abra bem seus olhos para ver o que a Palavra realmente diz — e quando tiver visto tudo o que acha que existe para ver, volte novamente para mim. Eu abrirei seus olhos ainda mais e derramarei sabedoria e revelação. Eu quero que veja a dimensão do amor do Pai por você. Quero que entre em uma nova dimensão da mente de Cristo. Então, peça-me para abrir seus olhos.

Lucas 24:45; Efésios 1:1-7; 1Coríntios 2:16

Oração

Estou determinada a abrir bem meus olhos, mas sei que somente tu podes ajudar-me a entender as revelações da Palavra. Então, peço a ti para abrires meus olhos e me ajudares a entender as Escrituras. Abre meu entendimento.

Fevereiro

"Se vocês me amam, obedecerão aos meus mandamentos. E eu pedirei ao Pai, e ele lhes dará outro Conselheiro para estar com vocês para sempre, o Espírito da verdade. O mundo não pode recebê-lo, porque não o vê nem o conhece. Mas vocês o conhecem, pois ele vive com vocês e estará em vocês. Mas o Conselheiro, o Espírito Santo, que o Pai enviará em meu nome, lhes ensinará todas as coisas e lhes fará lembrar tudo o que eu lhes disse."

— João 14:15-17, 26

Busque meu discernimento

A percepção nem sempre é a realidade. O que você percebe sobre as outras pessoas nem sempre é correto. O que as outras pessoas percebem de você nem sempre é correto. Então pare de depender das suas percepções — o que você vê, o que ouve e o que as outras pessoas dizem para você. E busque o meu discernimento sobre os assuntos grandes e pequenos. As percepções erradas levam à presunção, e a presunção pode devastar os relacionamentos. Não permita que as percepções erradas se tornem uma armadilha para você.

1Coríntios 13:7; Filipenses 1:9-10; João 7:24

Oração

Por favor, dá-me discernimento e ajuda-me a evitar o pecado da presunção em todos os meus caminhos. Ajuda-me a crer no melhor e a ver as pessoas do modo que tu vês. Mostra-me onde eu julguei de maneira errada o outro, assim eu não cairei em uma armadilha.

2 de fevereiro

Entre em um tempo de reconciliação

A RECONCILIAÇÃO DEVE ACONTECER antes que possa haver a restauração. Algo que não é primeiro reconciliado não pode ser restaurado. Procure aquelas pessoas em que há uma ferida no espírito. Procure esclarecer as ofensas. Ofereça a oportunidade de se fazer as pazes. Perdoe e siga em frente.

Quero fazer coisas novas em relacionamentos antigos. Quero curar e restaurar. Então, entre em um tempo de reconciliação e veja a minha mão agir em sua vida de modo poderoso.

2Coríntios 5:18; Provérbios 18:19; Mateus 5:23-26

Oração

Eu escolho perdoar. Escolho reconciliar. Escolho viver em paz com todas as pessoas tanto quanto dependa de mim. Por favor, conduz-me e guia-me rumo à reconciliação em teu caminho, em teu tempo e em teus propósitos, para a tua glória.

Medite naquilo que está aprendendo

Pare um momento — tire algum tempo — a fim de meditar nas lições que está aprendendo. Eu estou lhe ensinando novas coisas e fazendo-a se lembrar das coisas que se perderam de vista em meio à guerra ao seu redor. Considere o que lhe ensinei. Medite nessas verdades. Grave-as nas tábuas do seu coração. Jamais as esqueça, clame por elas quando precisar delas. A sabedoria irá servi-la e servir aos outros ao seu redor nos dias que virão.

João 14:26; Provérbios 7:2-3; 1Coríntios 2:13

Oração

Procura-me lembrar dos ensinamentos de Cristo e das palavras de sabedoria que tens falado ao meu coração. Eu peço a ti agora a graça de me atrair para o que tens me ensinado, para que eu venha andar nos caminhos do Pai e glorificar meu Salvador através de minhas palavras, meus pensamentos e minhas ações.

4 de fevereiro

Tome cuidado com quem joga lenha na fogueira

ALGUMAS PESSOAS VÃO procurar tirar vantagem das dificuldades de relacionamento entre você e as pessoas próximas: seus parceiros, colegas de trabalho, amigos e familiares. Essas pessoas são quem começa o fogo — suas línguas são atiçadas pelo fogo como chamas do inferno, e elas lançam dardos inflamados contra você, em nome do cuidado e da preocupação. Aqueles que estão verdadeiramente preocupados com você e com seus relacionamentos vão procurar apagar o fogo — e não os acender. Então, tome cuidado com aqueles que têm língua ferina, mesmo quando parece que eles têm o mais puro interesse.

PROVÉRBIOS 26:20-22; PROVÉRBIOS 16:28; TIAGO 3:6-8; MATEUS 5:9

Oração

Ajuda-me a fechar a porta da fofoca e da calúnia. Ajuda-me a discernir quando alguém — consciente ou inconscientemente — está tentando colocar fogo em meus relacionamentos com os outros. Dá-me a sabedoria para reagir corretamente e caminhar em paz com todos.

Eu tenho a solução

Por favor, confie em mim. Será que sou digno da sua confiança? Eu não a conquistei? Não a mereço? Por favor, confie em mim. Sempre que encontrar alguma coisa que não possa controlar, confie-a a mim. Eu vejo o fim a partir do começo. Sei como entrar e como sair. Eu sei como passar por cima e passar por baixo. Tenho a solução para todos os problemas. Apenas me dê a confiança. Dê essa confiança a mim agora, e alegre-se em meu amor.

2Samuel 7:28; Salmos 13:5; Salmos 20:7

Oração

Eu confio em ti. Não serei afastada do teu coração de amor; mesmo assim, ajuda-me a confiar em ti mais e mais. Ajuda-me a alegrar-me em teu amor mesmo em meio às provações. Fala ao meu coração em tempos de inquietação, e mostra-me o caminho para a paz.

Minhas intenções em relação a você são perfeitas

Se você realmente soubesse o quanto eu sou bom, se realmente entendesse o quanto sou paciente, se realmente tivesse uma revelação do quanto amo você, perceberia que minhas intenções em relação a você são perfeitas. Estou do seu lado. Estou torcendo por você em sua corrida. Quando você tropeça, estou pronto a levantá-la, tirar de você o pó e curar seu coração. Eu sou bom. Sou paciente. Misericordioso. Eu amo você. Se ao menos soubesse! Considere essas verdades porque elas irão libertá-la para me amar mais e para receber mais *da* minha pessoa e *de* mim.

Salmos 136:1; Salmos 100:5; Salmos 107:1

Oração

Lava-me com teu amor e deixa-me sentir e ver simplesmente o quanto és bom. Ajuda-me a rejeitar a culpa e a condenação quando eu falho e dá-me um coração sensível para aceitar teu convite para o arrependimento e o perdão.

Busque meu conselho em tempos confusos

Você pode receber conselhos de pessoas sábias em meio a uma situação complexa, e deve receber. A sabedoria pode vir das experiências de homens e mulheres piedosos. Mas lembre-se sempre disto: somente eu sei o que é o melhor. Eu tenho a mente do Pai — em todas as situações. Não despreze meu conselho em meio à confusão. Sou seu Conselheiro. Então, antes de seguir qualquer conselho vindo dos homens — até mesmo do homem mais sábio —, sempre confirme comigo. Eu irei conduzi-la em paz.

João 14:26; 1Coríntios 2:11; Romanos 9:1

Oração

Sou grata, pois há sabedoria no conselho de muitos, mas reconheço que tu tens toda a sabedoria e que me guias pela paz. Ajuda-me sempre buscar teu conselho, tua sabedoria e a tua confirmação para todas as minhas decisões.

Fale e pense em minhas palavras

Você pode orar sem falar e ver sem abrir os olhos. Mas quando você age na esfera do inconfessável e do invisível, pode encontrar vozes e visões falsas do inimigo que têm a intenção de desviar sua perspectiva. Tome cuidado para não falar sobre o plano do inimigo em sua vida porque o poder da vida e da morte estão na língua. Tome cuidado para não meditar nos argumentos vãos que ele lhe dá. Eles a afastam da verdade do meu coração e a levam à decepção. Fale e pense em minhas palavras.

1João 4:1; Provérbios 18:21; 2Coríntios 10:5

Oração

Coloca guarda em meus olhos, em meus ouvidos e em minha boca. Dá-me a diligência de guardar meu coração, pois dele fluem as questões da vida. Ajuda-me a reconhecer os argumentos vãos e as vozes falsas que procuram trair tua verdade. Ajuda-me a render cativo todo pensamento que não vem de ti.

Aprenda a discernir seus tempos e suas fases

Os tempos mudam, mas eu jamais mudo. O tempo passa, mas conheço o fim a partir do começo. Vejo todos os seus dias. Todos os seus tempos. Todas as suas fases. Vejo todos os seus picos e vales. As fases vêm e vão. Você irá atravessá-los um em cada tempo, um após o outro – e sempre em meu perfeito tempo.

Saiba disto: estou orquestrando seu tempo e suas fases. Estou dirigindo seus passos, e meu caminho é perfeito. Aprenda a discernir seus tempos e suas fases. Não fique para trás. Não se adiante. Caminhe comigo, e, juntos, faremos coisas grandes e maravilhosas.

Eclesiastes 3:1; Isaías 46:10; Salmos 37:23

→ Oração ←

Obrigada, pois tu jamais mudas. Obrigada, pois tu estás comigo em todos os meus tempos e minhas fases. Dá-me um coração perspicaz, e não me deixes ficar para trás, mas segura em minha mão e guia-me pelo teu caminho para a glória de Cristo.

BEM-AVENTURADOS OS PACIFICADORES

QUANDO AVISTAR o fogo, apague-o. Eu lhe chamei para ser uma pacificadora. O inimigo usa a língua dos homens para incendiar, e isso começa no inferno. Tal fogo procura dividir, afligir e aborrecer os irmãos. Mas apague o fogo com palavras de amor. Não se envolva em contendas; reprima-as com palavras de fé. Usarei suas palavras de amor e fé para condenar os ofensores, assim eles se arrependerão, voltarão o coração para mim e falarão coisas boas. Bem-aventurados os pacificadores.

TIAGO 3:6; PROVÉRBIOS 26:20; MATEUS 5:9

ORAÇÃO

Guarda meus lábios e ajuda-me a falar palavras que são agradáveis a ti. Dá-me sabedoria para discernir os começos das contendas para que eu não participe do plano do inimigo, e ajuda-me a ser uma pacificadora e mantenedora da paz em todas as situações.

Você não perderá seu destino

Fique em comunhão íntima comigo, e irei lhe mostrar o próximo passo em meu plano para você. Ele será claro. Não se preocupe; você não vai perder seu destino em meio ao caos que, de vez em quando, a cerca. As promessas que o Pai lhe tem feito se cumprirão se você agir em fé. Avance e se recuse a recuar diante da oposição, de quem quer que seja.

Ninguém pode roubar seu destino. Ninguém pode interferir no cumprimento da minha vontade em sua vida, a não ser você. Firme-se em mim. Irei guiá-la para onde quero que vá.

João 16:13; João 10:28; 1Coríntios 2:10

Oração

Obrigada por sempre chamares minha atenção quando meu coração começa a se desviar de ti. Fortalece meu espírito para que eu avance no caminho do Pai, e ajuda-me a vencer os obstáculos que o inimigo coloca em meu caminho para atrapalhar meu progresso em tua vontade.

12 de fevereiro

Dirigirei novamente seus passos

Todo mundo comete erros. Não se detenha neles! Medite em mim, e dirigirei novamente seus passos, restaurarei o que foi perdido e revelarei onde você irá e o que fará em seguida. Eu sou muito bondoso. Sou muito poderoso. Suas decisões serão informadas por minha sabedoria à medida que aprender a reconhecer meus caminhos neste novo tempo. Você está hoje num lugar diferente de onde estava um ano atrás. Mas minha fidelidade para você é constante. Creia nisso.

Salmos 37:23; Deuteronômio 30:3; 1Coríntios 1:9

Oração

Obrigada por tua bondade. Obrigada por teu poder. Obrigada por tua sabedoria. Obrigada pela restauração e revelação em minha vida. Obrigada por me ensinares teus caminhos e tua direção. Obrigada por tua fidelidade.

Ore comigo

Quando você ora comigo — quando se rende a mim em oração — você está falando em mistério. Está fazendo a oração perfeita. Está em minha vontade. Então, quando não souber como orar como deve — e mesmo quando pensa que sabe o que orar —, deixe-me ajudá-la. Renda-se a mim em oração. Associe-se comigo em oração, e espere o Pai liberar as respostas sobrenaturais que você não está esperando.

Efésios 6:18; 1Coríntios 14:2, Romanos 8:26

Oração

Nem sempre sei o que orar ou como orar, mas tu sabes. Ajuda-me a render-me a ti em oração. Move meu espírito para orar quanto tu queres orar. Mostra-me por quem e o que orar. Ore comigo e através de mim para a vontade perfeita do Pai acontecer.

14 de fevereiro

Descubra o poder da unidade

Quero que entenda o poder da unidade num nível mais profundo. Será importante à medida que a levo ao próximo lugar que desejo que vá. Você entende o poder destrutivo da contenda, mas deixe-me revelar agora o poder ainda maior da unidade.

Olhe além das diferenças com outros cristãos e busque encontrar pontos em comum que podem ajudar na expansão do Reino. Isso não vai somente aumentar a unção em sua vida, mas também dar muito fruto — fruto eterno — para o Reino. Comece hoje.

Salmos 133:1; João 17:23; Efésios 4:1;
Colossenses 3:14

Oração

Dá-me uma revelação da unidade, uma revelação profunda do quanto a unidade é vital, que mudará meu paradigma. Deixa-me ver o que tu vês e sentir o que sentes sobre as contendas, para que eu as evite a todo momento. Dá-me a graça da humildade e ajuda-me a caminhar em unidade.

Vigie suas palavras

Tome cuidado para não se envolver em conversas inúteis, pois você prestará conta de cada palavra inútil no Dia do Julgamento. Tome cuidado com o impacto das palavras que você fala, que podem trazer vida ou morte. Procure sempre abençoar, e não amaldiçoar. Pois você colhe o que planta e come as palavras da sua boca. Cultive a fonte do seu coração, pois ela produz água fresca que refrigera os ouvintes e gera fé nas almas.

Mateus 12:36; Provérbios 18:21; Romanos 12:14

Oração

Ajuda-me a ver o poder da vida e da morte em minhas palavras, a fim de que eu fale somente palavras de vida sobre mim e sobre os outros. Não quero falar palavras inúteis. Não quero falar palavras nocivas. Ajuda-me a evitar a palavra torpe, e deixa que minha fala edifique os outros.

Aproxime-se do dia com alegria

Conte suas bênçãos. Glorie-se em Jesus. Aproxime-se do dia com alegria em seu coração. Deixe que a alegria do Senhor a domine. As pessoas e situações que você enfrenta dia a dia podem de fato ser um incômodo, mas um coração grato e alegre pela salvação irá sustentar e fortalecê-la a despeito do vento, da chuva, do fogo, da tempestade. Aproxime-se de Jesus e bendiga seu nome. Digno é o Cordeiro.

Filipenses 4:4; Tiago 1:2-4; Salmos 13:5

Oração

Bendito seja o nome de Jesus! Escolho, neste dia, me alegrar em minha salvação! Digno é o Cordeiro de Deus que tirou o meu pecado. Não importa quais situações eu enfrente, não importa quais provações surjam em meu caminho, eu me comprometo a me alegrar no poderoso Deus. Ele é digno!

Não desista dos seus sonhos

Você pode saber minha vontade e meus caminhos, mas o tempo de Deus é de vital importância. Então, não permita que o inimigo a engane. Não desista dos seus sonhos dados por Deus. Não abandone os desejos do seu coração. Não pare de interceder pelas pessoas que necessitam e pelas circunstâncias que causam preocupação. Jesus é o Autor e o Consumador da sua fé, e todas as promessas do Pai são sim e amém. Portanto, aguente firme. Os seus sonhos se realizarão no tempo perfeito. Eu lhe garanto que o tempo está chegando.

Habacuque 2:3; Eclesiastes 3:1; 2Coríntios 1:20, Gálatas 6:9

Oração

Espírito Santo, ajuda-me a reconhecer o tempo do Pai para que eu não me apresse em tua vontade. Ajuda-me a não me cansar de fazer o bem para que eu possa colher no tempo devido. Ajuda-me a ficar firme nas grandes e preciosas promessas que ele tem me dado.

Receba o temor do Senhor

À medida que o mundo continua a se afundar em trevas, deixe que seu coração receba o temor do Senhor, e ele será uma fonte de vida para você. O temor do Senhor é o princípio da sabedoria e irá livrá-la das garras da tentação e ajudá-la a desenvolver sua salvação com temor e tremor. O temor do Senhor é uma fortaleza, e a misericórdia do Pai estará com você mesmo quando tropeçar e cair. Eu quero liberar o temor do Senhor em seu coração e ensiná-la a me reconhecer em todos os seus caminhos.

Provérbios 1:7; Provérbios 14:26; Jó 28:28

Oração

Libera o temor do Senhor em meu coração. Ajuda-me a desenvolver minha salvação com temor e tremor. Eu me recuso a me comprometer com o espírito do mundo ou a me curvar diante da vontade do homem. Escolho ser amiga de Deus e caminhar em seus estatutos.

Aceite o fogo refinador

Meu fogo refinador é quente, mas não vai queimá-la. Aceite o calor. Aceite o fogo. Meu fogo purificador está limpando sua alma das impurezas que impedem o amor. Este fogo está queimando o que a afasta do meu melhor para sua vida. O calor a está atraindo para mim à medida que você busca entender o que está acontecendo em sua alma. Você não precisa ter todas as respostas. Apenas saiba que estou trabalhando em sua alma e em seu espírito, e a minha obra é sempre boa.

1Pedro 1:7; Salmos 66:10; Isaías 48:10

Oração

Purifica meu coração, purifica minha alma. Eu confio em ti. Tu jamais irás me causar mal. Tu jamais irás me abandonar. Deixa que teu amor queime através de tudo que está me atrasando enquanto corro esta corrida. Eu me rendo a ti, até mesmo no fogo.

20 de fevereiro

Você tem tudo que precisa

Eu conheço todas as coisas, vejo todas as coisas e entendo todas as coisas. Confiar em mim significa que você não precisa saber, ver e entender todas as coisas. Você tem a *mim*. Você tem tudo o que precisa em Cristo.

Busque me conhecer da maneira que eu a conheço. Busque conhecer o Pai. Busque conhecer a Cristo. À medida que você cresce no relacionamento conosco, conhecer a nós será suficiente para você. Você não buscará respostas; buscará a mim, e eu lhe darei as respostas que precisa no momento em que precisar.

Provérbios 3:5; Salmos 46:10; Deuteronômio 4:29

Oração

Tu amas aqueles que te amam, e se eu te buscar diligentemente, irei te encontrar. Deixa-me ficar feliz em conhecer teu coração. Ajuda-me a evitar os argumentos e os questionamentos que me distraem do teu amor. Eu escolho confiar em ti sempre em todas as coisas.

Peça por um espírito de discernimento

Eu quero que aprenda a discernir a minha presença e a oposição à minha vontade. Quero intensificar o dom de discernimento de espíritos em sua vida. Esse dom é vital para a sua habilidade de cumprir seu chamado.

Onde está o meu Espírito, aí há liberdade, paz, alegria e amor. Onde há contendas, existe confusão e todo tipo de obra maligna. O contraste parece claro; porém, muitas vezes, somente um espírito de discernimento perceberá o que está agindo nos bastidores. Peça-me por um espírito de discernimento, e eu lhe darei.

Filipenses 1:9-10; Hebreus 4:12; Tiago 3:16

Oração

Torna aguçado meu discernimento para que eu possa saber e reconhecer o que está acontecendo na esfera espiritual. Quero conhecer tua presença de modo maior. Quero ver as armadilhas que o inimigo ergueu para capturar minha alma. Dá-me um espírito de discernimento que vê como tu vês.

22 de fevereiro

Concentre de novo sua mente

Eu a tornei santa, pois eu sou santo. Quando você pensa, fala e age de modo que viola minha santidade, você parou de olhar para Jesus. Ele ainda habita em você, porque ele jamais a abandonará, nem desemparará, mas você tirou os olhos dele. Você se concentrou nas circunstâncias que o inimigo está lhe mostrando, continuando a pensar nas frustrações e esquecendo do poder que habita em você para resistir às tentações da carne. Concentre de novo sua mente em minha santidade e você irá vivenciar novamente as bênçãos de viver, agir e estar em Jesus.

1Pedro 1:16; Hebreus 13:5; Atos 17:28

Oração

Obrigada por teu poder purificador agindo em minha vida. Ajuda-me a permanecer concentrada em Jesus. Recuso-me a meditar nas coisas negativas que o inimigo da minha alma coloca diante de mim. Ajuda-me a reconhecer as mentiras do Diabo desde o princípio e permanecer concentrada na tua verdade.

Não tente ser como os outros

Não tente ser como os outros. Eu a amo simplesmente do jeito que o Pai a criou. Quando você se compara aos outros, sempre achará algo para se orgulhar e algo para se entristecer. Antes de ser formada no ventre da sua mãe, eu a conhecia. Eu a amei — fiquei feliz com você. Eu aprecio sua singularidade e quero que se aprecie como minha criação. Estou lhe transformando de glória em glória, mas eu a amo do jeito que você é em Cristo.

Efésios 2:10; 2Coríntios 10:12; Jeremias 1:5

Oração

Obrigada por me amares. Obrigada por me encorajares a ser tudo aquilo que o Pai me criou para ser. Por favor, ajuda-me a não me comparar com os outros, para que eu não desanime, nem me envaideça. Ajuda-me a ver a mim mesma do jeito que tu me vês.

24 de fevereiro

Hoje é um novo dia

Hoje é um novo dia. Deixe as preocupações de ontem para trás, rejeite as ansiedades de amanhã e creia que eu irei conduzi-la e guiá-la ao longo deste dia. Creia que eu irei dar-lhe a graça de que precisa, porque eu sou sua graça. Creia que irei dar-lhe a sabedoria de que precisa, porque sou sua sabedoria. Creia que eu lhe darei a paz de que precisa, porque sou sua paz. Eu sou sua espera, esperando prover tudo o que precisa hoje e todos os dias.

Filipenses 3:13-14; Mateus 6:25; João 14:26

Oração

Ajuda-me a caminhar pela fé — a viver pela fé — um dia de cada vez, reconhecendo que tu estás caminhando comigo e que irás me ajudar. Quando eu me preocupar ou me estressar, faz-me lembrar que tu estás comigo e me permite sentir tua doce presença.

Deixe-me conduzi-la ao descanso de Jesus

Quando você não está descansando em Cristo, meu coração dói por você. Jesus a convidou para entrar em seu descanso, e eu irei conduzi-la até lá, à medida que ofertar orações e súplicas com ações de graças. Deixe-me ajudá-la a fazer seus pedidos conhecidos ao Pai. Jesus está sempre intercedendo por você à direita do Pai. Eu sou seu Intercessor aqui na terra. Quero ajudá-la a orar quando não sabe como se render ao meu coração. Ore comigo e entre agora no descanso de Cristo.

Hebreus 4:3; Filipenses 4:6-7; Romanos 8:34

Oração

Alguns dias são muitos estressantes. Por favor, ajuda-me a entrar no descanso de Cristo — e caminhar nesse descanso — o dia todo, todos os dias. Obrigada por me ajudares a lançar minhas ansiedades sobre o Senhor. Obrigada por me guiares e me conduzires para um lugar onde habita a paz.

26 de fevereiro

NUNCA DESISTA DAS PROMESSAS DE DEUS

SEI QUE VOCÊ tem esperado por muito tempo para ver aquela oração atendida. Mas não desista das promessas de Deus. Quando permanece na Palavra dele, você não tropeça. Quando confessa minha vontade diante de uma realidade oposta, isso fortalece sua fé. Quando se compromete a esperar para ver minha glória se manifestar em suas circunstâncias, você desenvolve a paciência que sustenta sua fé e permite que herde as promessas que tem esperado há muito tempo para ver acontecer. Agora é o tempo de avançar intensamente. Eu sou por você e não contra você. E se eu sou por você, quem será contra você?

HEBREUS 6:12; ISAÍAS 40:8; ROMANOS 8:31

ORAÇÃO

Fico cansada de esperar as respostas das orações. Fico decepcionada e impaciente. Ajuda-me a permanecer na fé, sabendo que a Palavra de Deus agirá em minha vida se eu continuar avançando na promessa com perseverança. Dá-me um espírito firme.

Entenda os benefícios desta revelação

Josué e Davi tinham algo em comum, e se você entender a revelação importante que eles tiveram, isso mudará sua mente, sua fala, suas ações e edificará sua fé, destruirá fortalezas, reduzirá seus medos, dará força, oferecerá direção e transformará completamente sua vida. Quero compartilhar com você essa simples revelação hoje e ajudá-la a praticar: medite na Palavra dia e noite. Você continuará esta jornada ao renovar sua mente comigo?

Josué 1:8; Salmos 19:14; Salmos 1:2

Oração

Davi e Josué deixaram o exemplo de caminhar em teus estatutos. Dá-me a mesma graça da obediência que estava sobre eles enquanto buscavam tua vontade. Obrigada por renovares minha mente enquanto medito em tua Palavra dia e noite.

28 de fevereiro

NÃO SE CONCENTRE NO INIMIGO

VEJO SEU INIMIGO se levantando contra você, mas isso não me faz agir. O inimigo da sua fé está sempre agindo para distraí-la da minha verdade e de nossa comunhão juntos. Não permita que ele vença! Quando se concentra demais naquilo que o inimigo está fazendo em sua vida, você impede sua paz interior e abre a porta para o medo, a dúvida e a incredulidade nas promessas do Pai para você.

Veja seu inimigo, mas não se concentre nele. Tome autoridade sobre seu agir em nome de Jesus. Reconheça o ataque, mas lide com ele e siga em frente em nome de Jesus. A vitória é sua.

DEUTERONÔMIO 28:7; LUCAS 10:19; 1PEDRO 5:9

→ ORAÇÃO ←

Nenhum inimigo pode resistir ao teu poder. Todo joelho deve se dobrar e toda língua confessar que Jesus é o Senhor. Então, não permitirei que o inimigo faça-me duvidar da tua verdade. Ajuda-me a resistir-lhe, permanecendo firme na fé, quando ele vem me distrair.

Jesus é o seu médico

O Pai é Jeová Rafá. Jesus é o seu médico. "Pelas suas feridas, somos sarados." Pense nessas palavras. Medite nelas. Conte aos outros sobre o poder de cura na expiação. A fé vem pelo ouvir a Palavra de Deus, e minha Palavra para você é "cura" — cura para o seu corpo quando está doente, cura para sua alma quando está magoada, cura para seus relacionamentos quando estão destruídos. Estou lhe revelando Cristo como seu médico. Receba a plenitude da sua salvação.

Êxodo 15:26; Isaías 53:5; 1Pedro 2:24

Oração

Obrigada pela revelação da expiação. Assim como sou fiel em meditar na Palavra de Deus pela cura, libera teu poder em meu corpo, minha mente e minha vida para curar todas as coisas que precisam de cura e restauração. Ajuda-me a caminhar na saúde divina.

Março

"Eu lhes afirmo que é para o bem de vocês que eu vou. Se eu não for, o Conselheiro não virá para vocês; mas se eu for, eu o enviarei. Quando ele vier, convencerá o mundo do pecado, da justiça e do juízo. Do pecado, porque os homens não creem em mim; da justiça, porque vou para o Pai, e vocês não me verão mais; e do juízo, porque o príncipe deste mundo já está condenado."

— João 16:7-11

LEVANTE-SE EM MEU PODER

LEVANTE-SE EM MEU poder e enfrente os desafios do dia de cabeça erguida. Não recue, não olhe para trás, não caia. Entenda que você é abençoada com todas as bênçãos espirituais nos lugares celestiais e que pode fazer todas as coisas através de Cristo, que lhe fortalece. Atraia as bênçãos ao me agradecer por elas. Atraia a força ao dar um passo adiante em fé. Levante-se em meu poder, e eu irei diante de você e abrirei um caminho onde não há caminho. Não irei decepcioná-la.

EFÉSIOS 1:3, FILIPENSES 4:13; 2SAMUEL 22:33

ORAÇÃO

Obrigada por teu poder habitar em mim e me preparar para enfrentar todos os desafios que surgem em meu caminho. Irei seguir em frente em tua força, e não na minha, sabendo que ela me capacita para fazer tudo que preciso fazer. Obrigada pelo teu poder!

AJUDAREI VOCÊ A ALCANÇAR SEU DESTINO

TRAREI AS PESSOAS em seu caminho para ajudá-la a cumprir o que eu a chamei para fazer. Ajudarei você a fazer as ligações — e ligar os pontos. Sim, direcionarei seus passos rumo às pessoas, aos lugares e às coisas que você precisa alcançar em seu destino em Cristo. Essa é minha parte e minha alegria. Sua parte é pedir-me, buscar-me, ouvir-me e seguir e obedecer. Estamos juntos nisso. Eu farei minha parte. Você deve fazer sua parte.

SALMOS 119:133; PROVÉRBIOS 2:1-5; JOÃO 14:23

ORAÇÃO

Obrigada pelas ligações divinas. Esperarei por elas. Ajuda-me a enxergar tua direção. Ajuda-me a reconhecer as pessoas que tu chamaste para trabalhar comigo a fim de cumprir tua vontade. Faz-me capaz de ouvir o que o teu Espírito está dizendo a cada passo do caminho.

Busque a pureza e a santidade

Poucos entendem minha santidade. Eu sou puro. Até minhas palavras são purificadas sete vezes. Sou puro em minhas intenções em relação a você. Quero o melhor para você, embora saiba que você nem sempre sinta ou pareça ser o melhor.

Estou tornando-a santa assim como sou santo. Estou transformando-a à imagem de Cristo, de glória em glória e de fé em fé. Aceite minha santidade. Busque minha pureza e você descansará em meu amor de uma forma melhor do que já pensou ser possível.

Salmos 12:6; 2Coríntios 3:18; Romanos 12:1;
1Timóteo 4:12

Oração

Sei que queres o melhor para mim e eu te agradeço. Ajuda-me a render-me ao teu poder santificador em minha vida. Desejo ser santa assim como tu és santo. Limpa minha alma de tudo que não está te agradando para que eu venha a te amar com todo meu coração.

4 de março

DESTRUA OS ÍDOLOS

ESTOU CHAMANDO-A PARA destruir os ídolos em sua vida. Moisés destruiu. Ezequias destruiu. Josias destruiu. Eu toquei em seus corações para destruírem os ídolos do meio deles, e quando me obedeceram, um avivamento irrompeu diante deles.

Quando ouvir a minha voz e destruir os ídolos em seu coração, você vivenciará um avivamento pessoal que irá levá-la a um relacionamento mais profundo com Cristo, que estava ansiando, mas não conseguia alcançar. Destrua tudo o que distrai seu coração do meu amor.

1JOÃO 5:21; 1CORÍNTIOS 10:14; LUCAS 9:23

ORAÇÃO

Mostra-me onde levantei ídolos em minha vida para que eu os destrua. Desejo exaltar a Deus e somente a Deus. Desejo um despertar pessoal. Toca em meu espírito e dá-me a força de tirar da minha vida tudo o que impede minha comunhão contigo.

Siga-me

Conheço o caminho para a sua torre forte. Irei conduzi-la ao lugar de paz e proteção em meio à tempestade; então siga-me. Irei conduzi-la e levá-la através da verdade e da segurança. O Pai irá mantê-la à sombra de suas asas e Jesus irá conduzi-la em triunfo.

Siga-me à medida que exalto Cristo em seu coração e em sua vida. Estamos do seu lado. Nenhum inimigo pode resistir ao nosso poder. Apenas se concentre em nós e em nosso amor por você. Você não pode errar.

Provérbios 18:10; Salmos 91; Salmos 17:8

Oração

Tu és minha torre forte. Tu és minha paz. Tu és meu abrigo em meio à tempestade. Agradeço por tua proteção, vitória, paz e amor. Ajuda-me ficar concentrada em tua verdade, e dá-me um espírito persistente.

Não seja uma bajuladora

Não seja uma bajuladora nem tome decisões com base nas reações que espera dos outros, que não conseguem o que querem de você. As pessoas irão afastá-la da vontade do Pai e levá-la para a vontade deles, se você permitir. Há uma diferença entre caminhar em amor e ser carregada. Recuse com educação o que sabe que não é da minha vontade, não importa quem esteja lhe pressionando. Pergunte-me o que eu gostaria que você fizesse; obedeça e deixe as coisas acontecerem. Entregue essas pessoas ao Pai. Mantenha sua cabeça erguida e siga em frente com o que o Pai lhe disser para fazer.

Colossenses 3:24; Efésios 5:17; Atos 5:29

→ Oração ←

Não quero ser uma bajuladora. Quero agradar a Deus. Ajuda-me a evitar a tentação de se sujeitar à vontade dos homens quando tu me chamaste para fazer outra coisa. Ajuda-me a escolher as coisas de Deus além das coisas boas que o homem propõe.

Nenhum inimigo pode resistir a você

Nenhum inimigo pode resistir ao meu poder. Meus inimigos tremem no nome de Jesus. Os seus inimigos espirituais são meus inimigos, e meu poder habita em você. Então, nenhum inimigo pode resistir-lhe enquanto caminha em meu poder e exercita sua autoridade em Cristo.

Abra o seu coração e pense nessas verdades, e eu renovarei sua visão. Eu removerei os antolhos que permitem que seus inimigos pareçam ser vitoriosos em sua visão. Você se levantará em meu poder com seus inimigos sob os seus pés.

Tiago 2:19; Marcos 16:17; Mateus 22:44

Oração

Obrigada, Jesus, pela vitória que conquistaste no Calvário. Dá-me uma revelação da minha autoridade em ti e do poder que habita em mim. Ajuda-me a empunhar a espada do Espírito contra os inimigos espirituais que lutam contra a tua vontade.

8 de março

A SUA VITÓRIA É GARANTIDA

SIM, O INIMIGO está esperando pela próxima oportunidade ideal para atirar um dardo inflamado em seu caminho. É verdade que o inimigo perambula como um leão que ruge buscando alguém que possa devorar. Mas existem verdades maiores em que você deve se concentrar — verdades que garantem sua vitória: você é mais do que vencedora em Cristo Jesus. Maior é o que está em você do que aquilo que está no mundo. Nenhuma arma forjada contra você prosperará. Condene aquelas línguas demoníacas que se levantam contra você em sua mente. E coloque-as debaixo dos seus pés com a Palavra de Deus. Você é vitoriosa!

EFÉSIOS 6:10-16; ROMANOS 8:37; 1JOÃO 4:4; ISAÍAS 54:17

ORAÇÃO

Obrigada por me equipares com tua armadura para batalhar contra aquelas forças que lutam contra mim. Eu visto a armadura completa de Deus agora e sei que, quando eu me movo com teu incentivo, tu sempre me conduzes em vitória em Cristo!

Entenda e compartilhe meu amor

Jesus uma vez disse: "Bem-aventurados os puros de coração, pois verão a Deus." A pureza é vital neste momento. A decepção entrou sorrateiramente no corpo de Cristo através das inseguranças e do orgulho, bem como através das feridas não curadas e das mágoas infligidas pelo homem, inspiradas pelo maligno. Todas essas coisas causam problemas de identidade entre meu povo.

Quero derramar uma revelação do amor puro que tenho por você, para que fique ainda mais profundamente enraizada e firmada em Jesus, e será capaz de compartilhar meu amor como os outros que têm dificuldades com os problemas de identidade. Saiba quem você realmente é — e então ensine os outros.

Mateus 5:8; Efésios 3:17; Colossenses 2:10

Oração

Quero compreender toda a extensão e profundidade do amor de Cristo por mim. Ajuda-me a compreender não somente pela fé, mas pelas experiências que posso compartilhar com os outros. Enraíza-me e firma-me ainda mais no amor de Cristo. Faz-me uma testemunha do teu amor.

10 de março

Não deixe que nenhuma palavra torpe saia da sua boca

O que você não vê com seus próprios olhos, não dê testemunho com sua boca. Não repita nada que assinará com seu nome. Quem fofocar para você, vai fofocar ao seu respeito. Lembre-se, Jesus está observando — e ouvindo —; então não deixe que nenhuma palavra torpe saia da sua boca. Fale somente aquelas coisas que edificam seus irmãos e irmãs. Não espalhe contendas. Não revele segredos. Evite as brigas tolas e estúpidas. Agora é o tempo da unidade no corpo de Cristo se levantar, e isso começa com cada membro. Isso começa com você. O amor vence tudo.

Tiago 4:11; Efésios 4:29; 2Timóteo 2:23

Oração

Ajuda-me a lembrar de ouvir todas as palavras que falo. Ajuda-me a evitar as discussões tolas sobre as coisas que realmente não importam. Ajude-me a dizer o que tu dirias e nada mais. Tempere minha fala com sal e graça. Cura minha língua.

Ame o que Deus ama

O Pai sempre tem algo maior e melhor em mente se você caminha rumo àquilo que ele ama, mesmo que isso signifique se afastar daquilo que você pensa que ama. Aqui está uma promessa: você descobrirá que ama aquilo que ele ama muito mais do que você amou aquilo de que se afastou. Então, ame o que ele ama e odeie o que ele odeia, e você estará no centro da sua vontade com suas promessas cumpridas. É bem possível que não possa imaginar as coisas boas que ele planejou para você — e não tem que imaginar. Somente creia que elas se cumprirão.

Salmos 97:10; Efésios 3:20; 1Coríntios 2:9

⇝ Oração ⇜

Dá-me uma fé profética para que eu veja do modo que tu vês. Eu me comprometo a te seguir onde quer que me conduzas. Quero caminhar em tua perfeita vontade e ver tuas promessas se cumprindo. Guia-me.

Ame a Deus com todo o seu coração

Você ama Jesus porque ele a amou primeiro. Decida amar-nos com todo o seu coração, sua alma, sua mente e sua força. Não permita que o inimigo pinte uma imagem do Pai como bravo e mau, pronto para bater em você com um porrete quando você comete um erro. Rejeite tudo que impede o amor!

Peça-me nesta manhã por uma unção para nos amar. Você ficará maravilhada com o resultado deste pedido, se elevá-lo ao céu de modo consistente e estiver aberta para receber mais de nós.

1João 4:19; Mateus 22:37; 1Coríntios 13:4-8

Oração

Quero te amar com tudo que há em mim. Espírito Santo, mostra-me novamente o coração do Pai. Ajuda-me a receber o teu amor, para que eu possa derramá-lo em ti. Atende o clamor do meu coração e dá-me a unção para te amar mais e mais.

Nem tudo está perdido

Nem tudo está perdido. Sei que parece como se tudo estivesse perdido, como se tivesse que começar de novo. Mas não entre no jogo dramático e exagerado do inimigo. Não seja enganada pelo que vê. Contanto que tenha Jesus, nem tudo está perdido. E você tem Jesus!

Se o Diabo passou dos limites, ele terá que pagar novamente o que roubou de você. Então, não continue se concentrando naquilo que ele está fazendo. Concentre-se naquilo que Deus quer fazer. Ele é seu Libertador. Ele é seu restaurador. Ele é sua paz. Ele está com você. Nem tudo está perdido.

2Coríntios 5:7; Joel 2:25; 1Pedro 5:10

Oração

Ajuda-me a caminhar por fé, não por vista. O que eu vejo ao meu redor geralmente parece perdido, mas eu sei que tu és um Deus de restauração. Escolho este dia manter meus olhos em teu poder, em tua grandeza, em tua graça. Confio em ti para restaurar tudo o que foi perdido.

14 de março

Não desista agora!

Os seus sonhos dados por Deus podem se realizar, mas você tem que buscar o Deus que lhe deu os sonhos. Você também tem que agir guiada pelo Espírito Santo, em fé, rumo aos seus objetivos piedosos. Sim, você vai se deparar com a batalha espiritual e com as pedras de tropeços naturais e ser tentada a desistir. Mas não desista! Não ceda. Se buscar primeiro o Reino de Deus e minha vontade para sua vida, verá os seus sonhos se manifestarem no tempo do Pai. Apenas continue avançando! Eu estou com você!

Mateus 6:33; Salmos 37:9; Mateus 11:12

Oração

Tu és o doador dos sonhos. És aquele que me capacita a avançar ao sonho que tens para mim. Obrigada, pois enquanto continuo buscando tua face e avançando em teu Reino com determinação santa, tu fazes desses sonhos uma realidade para tua glória.

Dê espaço para o seu dom

O seu dom vai abrir espaço para você. Mas você tem que dar espaço para o seu dom. Ou seja, prepare-se para Deus usá-la nesta hora. Renda-se a mim à medida que eu trabalho em você para arrancar as questões em sua alma que possam estar impedindo-a de chegar ao seu destino. Capacite-se, estude para se ver aprovada e tenha mais comunhão comigo — ainda mais. Fale comigo ao longo do dia. Seu dom abrirá espaço em você. Mas você tem que dar espaço para o seu dom.

Provérbios 18:26; 2Timóteo 2:15; Gálatas 5:25

Oração

Obrigada pelos dons que tens me dado e pelos planos que tens para usares aqueles dons para os teus propósitos. Ajuda-me a me preparar para caminhar na tua vontade. Ajuda-me a remover da minha vida as distrações que surgem no caminho daquilo que tu queres fazer.

16 de março

Peça-me a minha perspectiva

Se aquilo que vê ao seu redor não está mudando, considere a possibilidade de ser o momento de mudar o jeito que você vê as coisas. Peça por minha perspectiva sobre as pessoas, os lugares, e as coisas ao seu redor. Você ficará surpresa pelas revelações que receber se realmente avançar — se realmente esperar em mim. Os caminhos do Pai são mais altos que os seus caminhos, e os pensamentos dele são maiores que os seus. Então, espere em mim, e você crescerá com asas de águia e ganhará a perspectiva profética que procura.

Isaías 55:3; Isaías 40:31; Romanos 12:2

Oração

Espírito Santo, eu preciso da tua perspectiva. Por favor, abre os meus olhos e mostra-me o que estou deixando passar. Dá-me um vislumbre do que tu vês. Compartilha os teus pensamentos comigo sobre o que eu preciso mudar. Esperarei em ti até me mostrares.

Ore por aqueles que você ofendeu

Você não pode fazer alguém perdoá-la por um erro que cometeu. Mas a recusa da outra parte de oferecer o perdão não é uma desculpa para você ficar amargurada. Ore por aqueles que você ofendeu, porque o Pai ordena o perdão. Ore para que eles a perdoem — não para o seu bem, mas para o bem deles.

Quando as pessoas têm falta de perdão em seus corações em relação a você, isso pode machucá-la — porém é muito mais prejudicial para a alma deles. Então, peça-me para curar seus corações assim como para curar seu coração da mágoa. A reconciliação pode ou não acontecer, mas de qualquer forma você pode continuar seu caminho.

Mateus 5:23-24; Romanos 12:20; Lucas 6:27

Oração

Eu oro agora por aqueles que eu prejudiquei de alguma forma — quer eu saiba que os prejudiquei, quer não —, e peço a ti que os ajude a me perdoarem. Por favor, mostra-me se há uma atitude bondosa que eu possa fazer em favor deles e ajuda-me a não ficar ofendida se eles se recusarem a me perdoar.

Deixe-me ajudá-la a evitar o esgotamento emocional

Os limites são muito importantes para a sua saúde espiritual. Não permita que as pessoas a empurrem para coisas que o Pai não a chamou para fazer — ou fazê-la se sentir culpada porque não vai participar nem ministrar às suas necessidades quando eu não lhe dei o sinal verde para se envolver. Se não estabelecer os limites piedosos, você vai enfrentar o esgotamento emocional e ficar ressentida.

Deixe-me conduzi-la e guiá-la. Eu sei que tem um grande coração para ajudar as pessoas, mas todo mundo vai se beneficiar se esperar eu deixar-lhe mostrar o que fazer e quando fazer. Se as pessoas ficarem bravas ou tristes por causa disso, coloque em minhas mãos. Eu ministrarei sobre elas. Você obedece a mim.

Gálatas 6:5; Tiago 1:5; Lucas 5:15-16

Oração

Tu tens razão. Eu quero ajudar, mas existem somente 24 horas no dia. Ajuda-me a ser tardia para responder quando alguém me pedir para fazer alguma coisa. Ajuda-me a esperar em tua direção para me envolver. Sei que tu queres o meu melhor, assim como para eles. Eu confio em ti.

Não permita que o inimigo pare você

Não desista. Parte da estratégia do inimigo é trazer circunstâncias para a sua vida e criar imaginações em sua mente que podem desestabilizá-la. Quando vier o ataque, você sente como se simplesmente quisesse desistir. Mas é quando precisa aguentar e resistir. O Pai é capaz de ajudá-la a aguentar.

Não dê ao inimigo a satisfação de parar ou atrasar você — mesmo se ele a derrubar através de uma pedra de tropeço ou de uma tentação. Dê a volta por cima e corra intensamente rumo à vontade do Pai para a sua vida. Eu estou com você. Você pode fazer isso!

2Crônicas 15:7; Gálatas 6:9; Josué 1:9

Oração

Quando sinto vontade de desistir, ajuda-me a me concentrar novamente na visão que tu tens me dado. Dá-me uma visão ampla. Quando eu cair, ajuda-me a dar a volta por cima de novo. Eu quero correr esta jornada e caminhar de modo digno. Quero cumprir tudo o que me chamaste para fazer. Ajuda-me.

20 de março

Clame pelo Libertador

Jesus é o seu Libertador. Quando sentir que tudo está tentando impedi-la, oprimi-la, ou abalá-la, clame pelo seu Libertador e veja Jesus agir em todas as coisas para o seu bem, à medida que você continua caminhando em sua Palavra.

Meu poder está disponível para libertá-la de qualquer coisa e de tudo que permanece no caminho da vontade perfeita do Pai em sua vida. O Pai resiste ao soberbo, mas dá graça ao humilde; então humilhe-se e receba a minha ajuda. É para isso que estou aqui. Eu sou seu Auxiliador.

Salmos 18:2; Romanos 8:28; Tiago 4:6

Oração

Venho com ousadia diante do teu trono de graça com um coração humilde. Eu preciso da tua ajuda. Eu preciso da tua libertação na minha vida. As pressões são reais, e de vez em quando, elas me oprimem. Liberta-me, dá-me a graça de caminhar com justiça apesar disso tudo.

Espere por minha estratégia

Você sempre sente uma urgência de reagir quando surge uma situação — apagar uma faísca antes de ela se tornar um incêndio furioso. Eu entendo o porquê. Mas o que aconteceria se você se acalmasse e esperasse por mim para mostrá-la a estratégia de apagar a faísca? Muitas vezes, eu já estou agindo nos bastidores para apagar o fogo. Se você esperar em mim em vez de agir, descobrirá que o fogo parece se apagar sozinho.

Deixe-me fazer minha obra. Quando eu precisar de você para fazer alguma coisa, eu lhe direi. Ore primeiro. Eu irei guiá-la e teremos certeza que o fogo vai se apagar.

Tiago 1:19; Salmos 37:7-9; Tiago 5:8

Oração

Ajuda-me a esperar em ti. Dá-me a sabedoria e o entendimento para saber como tu queres que eu aja — ou não aja — em todas as situações. Não quero agir em minha sabedoria; quero agir em tua sabedoria e no teu tempo. Comprometo-me a esperar em ti.

Deixe que a perseverança tenha sua ação completa

A PRESSÃO, AS PROVAÇÕES e as tribulações que você enfrenta produzem o caráter de Cristo em você. Lembre-se disso. Fique calma. Concentre-se no seu Pai, que a ama e sabe que ele não deixará mais coisas virem sobre você do que possa suportar.

Estou aqui para ajudá-la a suportar a pressão, as provações e tribulações. Coloque-as em perspectiva. Tudo o que você vivencia na terra é passageiro e a prova da sua fé é a perseverança. Deixe que a perseverança tenha ação completa, para que você seja madura em Cristo, sem lhe faltar coisa alguma.

Romanos 5:3-4; Tiago1:2-4; Tiago 1:12; Romanos 12:12

→ Oração ←

Quero ser mais como Jesus. Sei que se tornar como ele significa que encontrarei provações que resultarão em seu caráter sendo formado em mim. Ajuda-me a não resistir à tua obra em minha vida, mas se alegrar nela. Ajuda-me a me alegrar em meus sofrimentos, sabendo que o sofrimento produz perseverança. Eu preciso de ti.

Ore por aqueles que a magoaram

O INIMIGO GERALMENTE USA as pessoas próximas a você para lançar dardos inflamados. De vez em quando, com o passar do tempo, elas ficam bravas quando você não lhes dá o que elas querem e quando elas querem. Em outras vezes, elas lançam palavras de maldições sobre sua vida sem perceberem o que estão fazendo. Ainda assim, em outros momentos, elas colocam a culpa em você pelas fraquezas delas.

Ore por aqueles que acendem os dardos, receba conselhos piedosos, use o seu escudo da fé. O pai resolverá cada situação. Se o relacionamento em que você está tendo dificuldade verdadeiramente foi ordenado por Deus, a provação fará você ficar mais forte no fim.

ROMANOS 12:14; MATEUS 18:15-17; 1PEDRO 4:8

Oração

É doloroso quando pessoas próximas se voltam contra mim. Ajuda-me a caminhar em amor com aquelas que não estão caminhando em amor comigo. Ajuda-me a demonstrar o amor de Cristo e deixa que esse amor amoleça seus corações. Ajuda-me a abençoar e não amaldiçoar. Eu escolho amar.

Permaneça fiel à visão

Às vezes, você tem que fazer ligações difíceis. Às vezes, tem que ter uma posição firme. Às vezes, tem que decepcionar aqueles que são próximos a você. Às vezes, tem que sofrer na carne e na alma para me seguir. Mas você deve ter uma determinação em seu coração de não permitir que ninguém a faça hesitar da visão que sabe que o Pai lhe deu. Muitos virão para afastá-la do seu destino. Eles virão com distrações, ameaças e até mesmo falsa profecia. Não pare de construir o que o Pai a chamou para construir. Seja uma serva boa e fiel. Eu sei que dói na alma, mas as recompensas eternas a esperam.

Mateus 10:38; Lucas 9:23; Neemias 6:1-6

→ Oração ←

Eu escolho morrer para o meu eu e permito Cristo viver em mim — mesmo que as pessoas ao meu redor não compartilhem minha visão. Mas peço a ti para ajudar minha família e meus amigos a entenderem porque escolho seguir a ti e fazer a tua obra. Protege-me dos inimigos que tentam me parar.

O perdão é uma arma

O PERDÃO NÃO ESTÁ escrito em Efésios 6, na passagem que fala da armadura de Deus, mas não cometa erros — você deve estar pronta para perdoar quem o inimigo usa contra você. Se não está pronta para perdoar — se guarda as ofensas grandes ou pequenas —, você se coloca em risco em se tornar como os espíritos que você tanto odeia. Aprender a mover-se na direção oposta é uma das suas proteções contra a decepção da falta de perdão. Se a amargura é uma raiz que contamina, o perdão é uma postura que purifica.

O perdão é uma arma de batalha espiritual em seu peito. O inimigo não tem respostas para o perdão. Por que acha que Jesus nos ensinou a perdoar diariamente?

Mateus 18:21-22; Mateus 6:14; Efésios 4:31-32

Oração

Obrigada por revelares o perdão como uma arma de guerra. Ajuda-me a usar essa arma poderosa para derrubar as fortalezas em minha alma que são contrárias ao teu amor. Eu não vou guardar nada contra alguém. Eu escolho perdoar hoje e todos os dias.

Mude suas perspectivas sobre os ataques espirituais

Geralmente quando você está em meio a uma batalha espiritual, quando o inimigo a está perturbando, eu ouço você dizer as três palavras que mais me aborrecem: "Estou sob ataque." Escute cuidadosamente minhas palavras e mude sua perspectiva. Você não está sob ataque; o ataque está sob você! O inimigo está debaixo dos seus pés, e você está assentada sobre ele nas regiões celestiais em Cristo Jesus.

Mude sua perspectiva! Sim, o inimigo está fazendo sua obra, mas isso não irá impedi-la de fazer a sua. Determine que a vontade do Pai será feita, e qualquer inimigo que permanecer no caminho da sua missão celestial deve cair em nome de Jesus.

Lucas 20:42-43; Efésios 2:6; Romanos 14:11

Oração

Declaro que sou mais que vencedora em Cristo. Ajuda-me a falar e agir como creio nesta verdade quando enfrento os ataques do inimigo. Dá-me uma revelação maior do teu poder e da autoridade que Jesus delegou a mim como sua representante na terra.

Creia no meu melhor

Dizem que "desgraça pouca é bobagem." Mas podemos nos redimir desse clichê mundano através da glória de Deus. Quando as coisas ruins acontecem, em vez de esperar que mais coisas ruins aconteçam, espere que minha glória venha sobre você — se derrame em você. Isso é fé. Em vez de pensar o pior – em vez de permitir que o medo se infiltre — creia em minha proteção, libertação, sabedoria, cura, ou qualquer outra coisa que precise vir como uma bênção do céu. Creia no transbordar da minha presença para ajudá-la através de qualquer obstáculo ou circunstância que o inimigo tenha colocado em seu caminho.

Salmos 112:7; Romanos 15:13; Salmos 28:7

Oração

Espero que as coisas boas aconteçam, mesmo quando pareça que as coisas ruins estão acontecendo no lugar. Sei que tu queres e és capaz de agir em todas as coisas para o meu bem. Ajuda-me a permanecer firme na fé mesmo diante de notícias terríveis. Ajuda-me a permanecer esperançosa apesar das circunstâncias desesperadoras.

Entre pelas portas que Deus abrir

Às vezes, há um vigia demoníaco que está entre você e o que Deus a tem chamado para fazer. O vigia pensa que ele tem autoridade de abrir e fechar a porta, mas a verdade é que o Pai abre portas que nenhum homem pode fechar e fecha portas que nenhum homem pode abrir. Não fique intimidada com os vigias demoníacos. Não seja enganada. O inimigo não prevalecerá contra os planos do Pai por você!

Exercite a autoridade que Jesus lhe deu. Exija que o vigia vá embora em nome de Jesus e entre com confiança pelas portas que o Pai abre para você.

Mateus 23:13; Apocalipse 3:7; Jó 42:2

→ Oração ←

Obrigada por abrires as portas que precisam ser abertas para eu adentrar em tua vontade. Ajuda-me a reconhecer as portas que estás abrindo e as que estás fechando. Não permita que o inimigo me engane ao deixar para trás uma porta que ele está tentando manter fechada.

Peça, e lhe será dado

O que aconteceria se você simplesmente pedisse? É possível que um milagre se manifestasse se você somente pedisse? O que aconteceria se buscasse com fé o que o Pai está a chamando para fazer? É possível que superaria seus próprios sonhos mais loucos? Estou lhe dizendo que é possível. Medite nisto: "Peçam, e lhes será dado; busquem, e encontrarão; batam, e a porta lhes será aberta. Pois tudo o que pede, recebe; o que busca, encontra; e àquele que bate, a porta será aberta." Jamais saberá se não pedir.

Marcos 11:24; Mateus 7:7; Tiago 4:3

Oração

Dá-me um coração firme que é persistente ao pedir, como o da viúva persistente em Lucas 18. Recuso-me a ficar cansada ou desanimada ao fazer meus pedidos porque creio que tu és um Deus que faz o impossível ser possível, e sei que tu ouves meus clamores.

Ouça somente minha voz

Existem muitas vozes no mundo. Algumas irão incentivá-la. Outras irão deprimi-la. Outras irão desanimá-la sob o pretexto de incentivar os outros. Aprenda a ajustar seu ouvido à minha voz, e somente à minha voz, até nas palavras que os outros lhe disserem.

Prometo que sempre irei conduzi-la pelo caminho certo. Meu caminho é cheio de paz. Para deixar que minha paz seja a autora da decisão final em sua vida, você tem que, de vez em quando, parar de ouvir todas as outras vozes que iriam distraí-la do que estou lhe dizendo em seu coração.

1Coríntios 14:10; João 10:27; Colossenses 3:15

→ Oração ←

Ajuda-me a ignorar as vozes que não estão de acordo com tua vontade. Dá-me um ouvido para escutar o que tu estás realmente falando. Ajuda-me a discernir a sabedoria que vem do alto e rejeitar a sabedoria mundana e demoníaca que tenta induzir-me ao erro.

NÃO HABITE NOS PENSAMENTOS NEGATIVOS DO PASSADO

HOJE PODE SER melhor que ontem; se você permitir. Muitas vezes, vejo-a habitando nos pensamentos negativos que o inimigo coloca em sua mente sobre o dia — ou a semana — anterior. Minha amiga, habitar nos pensamentos do passado — distantes ou recentes — roubam-lhe a habilidade de desfrutar o dia de hoje. A batalha está em sua mente e você pode vencê-la ao escolher deliberadamente deixar o passado para trás e avançar rumo ao bom plano do Pai hoje. O inimigo pode não fugir imediatamente e pode continuar fazendo você se lembrar do seu dia anterior ruim, mas você está para sempre com Jesus — então, pense nisso!

AGEU 2:9; JÓ 8:7; FILIPENSES 3:13-14

ORAÇÃO

Ajuda-me a manter a eternidade em mente — a fixar minha mente nas coisas do alto e não nas coisas desta terra —, mesmo que eu atravesse dias difíceis. Comprometo-me a deixar os meus dias passados para trás e peço a ti a força para não habitar no passado.

Abril

"Tenho ainda muito que lhes dizer, mas vocês não o podem suportar agora. Mas quando o Espírito da verdade vier, ele os guiará a toda a verdade. Não falará de si mesmo; falará apenas o que ouvir, e lhes anunciará o que está por vir. Ele me glorificará, porque receberá do que é meu e o tornará conhecido a vocês. Tudo o que pertence ao Pai é meu. Por isso eu disse que o Espírito receberá do que é meu e o tornará conhecido a vocês."

— João 16:12-15

Você vai permitir que eu lhe amplie?

Você vai se render totalmente a mim? Vai se sujeitar a minha vontade mesmo quando pareça ser contrário à sua vontade? Vai permitir que eu a desenvolva nesse período? Quero aumentar sua capacidade de aceitar as coisas espirituais, mas isso significa deixar ir embora as coisas carnais para dar mais espaço para mim. Significa cultivar uma nova colheita dos meus frutos em seu coração.

Quero que meus dons fluam através de você, mas isso significa que deve liberar as coisas que impedem meu amor. Vai permitir que lhe amplie? Você irá se diminuir para que Jesus possa crescer em seu coração?

Tiago 4:7; Romanos 8:7; João 3:30

Oração

Digo "sim" a ti, Espírito Santo. Aceito tua vontade e teus caminhos mesmo quando não compreendo tua obra em minha vida. Peço-te para aumentares minha capacidade espiritual, aumentares o teu amor em meu coração, para te amar mais; e ajuda-me a vencer tudo aquilo que está no meio do caminho.

2 de abril

Siga minha estratégia de batalha espiritual

Quando se trata da batalha espiritual, há tempo para bradar e tempo para ficar calada. Eu sou aquele quem dá a estratégia de batalha espiritual. Sou aquele que lhe dá o plano que conduz à vitória. Quando caminha em minha sabedoria na batalha espiritual, você pode ter certeza que o inimigo será entregue em suas mãos.

Às vezes, você tem que se acalmar, como os israelitas que ficaram presos entre o mar Vermelho e o exército egípcio. Em outros momentos, você tem que gritar como Josué em Jericó. Antes de se apressar na batalha contra os seus inimigos espirituais, peça-me estratégias. Irei conduzi-la para a vitória.

Êxodos 14:13-14; Josué 6:2-5; 2Coríntios 2:14

Oração

Mostra-me quando é tempo de bradar e quando é tempo de ficar calada. Mostra-me teu plano de batalha e o teu tempo. Eu não posso lutar em minha própria força, mas o teu poder e a tua autoridade sempre me colocam em uma posição para fazer impor a vitória de Cristo.

Continue se erguendo

Não espere ser perfeita. Quando você cair, recue de novo. Mesmo se cometer o mesmo erro mil vezes, se você continuar declarando guerra contra o seu comportamento errôneo, finalmente ganhará a vitória sobre seus maus hábitos. Uma maneira de definir uma batalha espiritual é simplesmente "vencer o Diabo pelo cansaço". Então, quando você pecar, arrependa-se. Se você pecar novamente arrependa-se de novo. Simplesmente continue se erguendo. O justo cai sete vezes e tornará a erguer-se. Quando você cair, erga-se de novo.

Não pare de guerrear contra o pecado que está guerreando contra você. Eu irei dar-lhe a força para permanecer firme contra qualquer coisa e tudo aquilo que está permanecendo contra você — até mesmo sua carne. Descanse em mim quando se sentir fraca.

Provérbios 24:16; 1João 1:9; Atos 3:19

Oração

Quando eu sou fraca, tu és forte. Ajuda-me a descansar em tua força e no teu poder para fazer o que é certo diante de todas as tentações. Obrigada por tu me fortaleceres sempre para vencer os maus hábitos e as ações pecaminosas pela tua graça.

4 de abril

Busque agradar a Deus e não ao homem.

Você não pode fazer todo mundo feliz. Um grupo vai ficar bravo se você falar certa coisa, e um segundo grupo vai ficar bravo se falar outra coisa. O terceiro grupo vai ficar bravo se você não falar nada. Então, pare de tentar fazer todo mundo feliz e se concentre em agradar ao Pai. É realmente simples assim.

As pessoas podem atacá-la e ranger os dentes de raiva contra você assim como os fariseus religiosos rangiam os dentes de raiva contra Estevão, mas se você está confiante de que está agradando ao Pai, então as batalhas espirituais, os ataques, as críticas — e até mesmo os elogios do homem — cairão das suas costas, e você terá paz e alegria em mim. Busque agradar ao Pai e não ao homem!

Provérbios 29:25; Gálatas 1:10; Provérbios 16:7

Oração

Se eu tenho que escolher entre agradar a Deus e agradar ao homem, escolho agradar a Deus. Ajuda-me sempre a tomar essa decisão, mesmo diante de pessoas iradas que não entendem. Dá-me a paz que excede todo o entendimento enquanto eu permaneço em tua vontade, seja ela qual for.

NÃO SE PREOCUPE COM NADA.

QUE BEM FAZ se preocupar? Pense nisso por um minuto. Jesus falou melhor sobre isso no Sermão da Montanha: ele disse para não se preocupar com sua vida — o que você vai comer, ou beber, ou vestir. Em outras palavras, não se preocupe com sua provisão. Não se preocupe com nada! Nós temos tudo isso incluído.

Sim, existem preocupações na vida, mas não faz bem se preocupar. A preocupação demonstra uma falta de fé e impede aquelas coisas que o Pai está pronto e desejoso de prover. Lance suas ansiedades em Jesus porque ele se importa com você. Não se permita ficar ansiosa e estressada com qualquer coisa que o inimigo colocar em seu caminho.

MATEUS 6:25,34; 1PEDRO 5:7; FILIPENSES 4:6-7

ORAÇÃO

Tu tens razão. Não faz bem se preocupar e sei que se tu cuidas de mim vigilantemente, então escolho lançar minhas ansiedades em ti. Ajuda-me a não trazer de volta essas preocupações e ansiedades ao meu coração, mas deixá-las em tuas mãos capacitadas. Eu confio em ti.

NÃO EXISTE DERROTA EM CRISTO.

QUANDO VOCÊ ESTÁ em meio a um fogo cruzado, lembre-se que o céu inteiro está atrás de você. Um exército de anjos está ministrando em seu favor. Se somente pudesse ver na esfera espiritual, como o servo de Eliseu, entenderia que existe mais guerras em seu favor do que guerras contra você. Olhe para mim e não para o inimigo. Medite na Palavra em vez de ouvir as ideias terríveis do inimigo.

Comemore sua vitória. Não considere a possibilidade da derrota. Não há derrota em Cristo, e você está em Cristo. Corra para a linha de batalha em nome de Jesus e tenha certeza de que os demônios se prostrarão. A sua parte é orar e exercitar sua autoridade enquanto eu a conduzo passo a passo.

HEBREUS 1:14; 2REIS 6:8-17; ROMANOS 8:37

→ ORAÇÃO ←

Obrigada, pois eu tenho o teu apoio. Obrigada pelo nome de Jesus. Obrigada pelas minhas armas de guerra. Obrigada, pois, em Cristo, eu jamais posso perder. Ajuda-me a seguir a tua direção em meio a todas as batalhas espirituais.

Espere que seu futuro seja maior que seu passado

Determine que seu futuro será maior que o seu passado. Determine que entrará em uma nova fase de intimidade com Deus. Determine que irá esquecerá das coisas que ficaram para trás e avançará para as que estão adiante, para o alvo, para o prêmio do chamado celestial de Deus em Cristo Jesus.

Edifique-se na santíssima fé, orando no Espírito. Espere pelo novo. Espere que os sonhos se realizem. Espere a restauração. Espere que eu aja em sua vida. Sua determinação, sua esperança e sua fé irão ajudá-la a compreender o meu melhor para você hoje e todos os dias.

Ageu 2:9; Judas 20; Filipenses 3:12-14

Oração

Eu quero um relacionamento mais íntimo contigo. Ajuda-me a deixar para trás tudo que está me impedindo de chegar mais perto de ti. Mostra-me o que preciso fazer para me preparar para o que o Pai quer fazer em minha vida. Estou disposta e quero ser obediente.

CONTINUE AVANÇANDO RUMO À MUDANÇA.

A MUDANÇA É UM processo — e geralmente um processo desagradável. Enquanto estou a transformando de glória em glória, é provável que as coisas irão se parecer piores antes de se parecerem melhores. Não pare o processo quando as coisas parecerem desagradáveis. Não fuja do que estou fazendo em seu coração. Mantenha a comunhão comigo para desenvolver a mudança que deseja ver em sua vida.

Se continuar avançando rumo à mudança para a qual eu estou conduzindo você, surgirá no outro lado com uma nova gratidão, uma nova perspectiva, uma nova eficácia, novas bênçãos e muito mais. E lembre-se, você jamais irá parar de mudar enquanto estiver em seu corpo físico. Aceite minha obra em sua vida. Ela nem sempre é divertida, mas vale a pena.

2CORÍNTIOS 3:18; JÓ 22:21; ROMANOS 12:1-2;

→ ORAÇÃO ←

Agora, eu ofereço meu corpo como um sacrifício vivo a ti. Transforma-me como quiseres. Renova a minha mente. Mostra-me os caminhos pecaminosos para que eu possa me desviar deles e aceitar a transformação. Eu não vou resistir à tua obra.

Comece a pensar do modo que eu penso

As armas da batalha espiritual que você tem são poderosas para destruir fortalezas. Considere isto: Jesus é a sua Rocha, sua Fortaleza, e seu Salvador. Existe proteção nele. Ele é o seu escudo, o seu lugar seguro. O Nome do Senhor é a torre mais alta do que qualquer fortaleza que o inimigo possa levantar em sua mente.

Quando você está alinhada com o meu modo de pensar, eu guardarei a sua mente das ideias demoníacas que trabalham para construir uma fortaleza em sua alma. Derrube esses argumentos e toda pretensão que se levanta contra todo conhecimento de Deus. Medite na Palavra de Deus, e você ficará menos vulnerável às palavras de Satanás.

2Coríntios 10:4-5; Salmos 18:2; Provérbios 18:10

Oração

A Palavra de Deus diz para destruir os argumentos. Ajuda-me a discernir os argumentos inúteis que tentam levantar fortalezas em minha mente e fortalecer os sistemas de crenças errôneas. Ensina-me a alinhar os meus pensamentos com os teus pensamentos.

Empunhe a espada do Espírito contra o inimigo

Às vezes, as coisas não são tão ruins como parecem. O inimigo é um mestre em colocar cortinas de fumaça e aumentar as suas dúvidas sobre a Palavra de Deus. Mas a minha Palavra jamais falha. Meu amor jamais falha. Então pegue a espada do Espírito, segure a com sua boca, e lute contra a oposição à minha Palavra que está se manifestando em sua vida. Isso é o bom combate da fé. Você está lutando para crer. Então lute com a Palavra de Deus, na qual renova a sua mente com a verdade e guarda a sua alma contra as mentiras do inimigo.

Mateus 24:35; Efésios 6:17; 1Timóteo 6:12

→ Oração ←

Tu jamais falhaste comigo. O teu amor jamais falha. Tua Palavra jamais falha. Ajuda-me a ver a verdade em meio as mentiras do inimigo. Ajuda-me a permanecer na verdade quando tudo ao meu redor parece estremecer. Comprometo-me a lutar um bom combate da fé com a espada do Espírito.

Esteja pronta para perdoar

Quando estiver brava e frustrada, você tem que fazer a si mesma uma pergunta honesta: permitiu que o ressentimento aumentasse em seu coração? A menos que você seja intencional em perdoar — e esteja pronta para perdoar —, um resíduo de ressentimento crescerá em seu coração do mesmo jeito que a sujeira se acumula no para-brisa do carro. Com o passar do tempo, ela se aprofundará em seu coração e formará uma raiz de amargura. A ira e a frustração são geralmente enraizadas na incapacidade de perdoar os pequenos aborrecimentos quando eles ocorrem. Por fim, o cálice do ressentimento transborda. Esteja pronta para perdoar — toda vez que ficar chateada. Esteja pronta para perdoar.

Hebreus 12:15; Colossenses 3:13; 1Coríntios 13:4-7

Oração

Mostra-me qualquer ressentimento, amargura ou falta de perdão em meu coração. Não quero nem um pouco disso. Escolho perdoar e renuncio aos argumentos errados e às emoções que estão se levantando contra o teu mandamento de perdoar.

12 de abril

Deus sabe com o que você pode lidar

O ESTADO DE SER oprimida não vem de mim. O Pai não colocará sobre você mais do que possa suportar. Não é como nós agimos. Conhecemos sua capacidade. Sabemos com o que você pode lidar. Sabemos para o que está pronta.

Quando você está oprimida, está recebendo pressão que não vem de nós. Está recebendo a pressão que vem do homem ou do inimigo da sua alma. Rejeite a pressão do homem. Levante-se e livre-se das ameaças do inimigo. Você é uma vencedora. Vença agora a sensação de estar oprimida — medite em Jesus. Confie nele para lidar com aquelas pressões de você fazer algo que o Pai não está a chamando para fazer.

1Coríntios 10:13; Tiago 1:13; Salmos 118:5-6

Oração

Obrigada por me dares a sabedoria para estabelecer limites saudáveis em minha vida. Obrigada por me dares a força para resistir à tentação de ser oprimida e estressada. E obrigada por me dares a solução. Confiarei em ti para me ajudar.

Concentre-se em quem você é em Cristo

Você é uma nova criação em Cristo. Você é definida por aquilo que Cristo fez na cruz. Você é salva, curada, liberta e próspera nele. O inimigo colocará decepção e confusão para distraí-la dessa realidade. Ele não quer que você saiba quem você realmente é. Ele não quer que você saiba quem Jesus realmente é. Ele quer que se concentre em sua maldade em vez de se concentrar na bondade do Pai.

Concentre-se em Jesus, quem você é nele, quem ele é em você, e não cairás nas artimanhas do inimigo. A revelação de Jesus e quem você é nele é algo que se aprofundará mais e mais e mais à medida que você meditar nele.

2Coríntios 5:17; Isaías 54:14; 1João 4:4

Oração

Revela-me Jesus de uma nova forma. Mostra-me quem eu sou em Cristo. Guia-me na verdade enquanto eu medito nos versículos da Escritura que dizem quem eu realmente sou e o que eu posso fazer como filha de Deus. Quero uma revelação mais profunda de quem Jesus é e de quem eu sou nele.

14 de abril

Espere em mim

Espere em mim. Simplesmente espere. Não aja até eu lhe dizer para agir. Não aja até eu mostrar a você o que fazer. Não fale até que tenha a perfeita paz em seu coração. Espere em mim. Simplesmente espere. O meu tempo é perfeito e eu irei guiá-la onde você precisa ir na hora certa, então encontrará a bênção que espera por você. Eu prometo que, se você esperar em mim, quando se mover, agir ou falar, fará tudo isso com minha força e graça. Até os seus inimigos irão reconhecer a unção em sua vida. Espere em mim.

Provérbios 3:5-6; Salmos 33:20-22; Lucas 12:12

Oração

Obrigada por me guiares com tua paz. Eu não irei me mover até que essa paz inunde o meu coração. Mostra-me qual caminho eu devo seguir, ensina-me o que e quando dizer, e prepara um banquete para mim à vista dos meus inimigos. Que Cristo seja glorificado em minha vida.

Que a Palavra e o Espírito firmem você

O fato de as circunstâncias em sua vida estarem andando em círculos não significa que você tem que andar em círculos com elas. Quando você sente como se estivesse andando em círculos — como quando está numa daquelas montanhas russas nos parques de diversão que a deixam tão zonza que não pode andar em linha reta mesmo depois que para de girar —, agarre sua mente e observe a Palavra de Deus. Ela irá firmá-la em sabedoria, paz, alegria e amor se você permitir.

Se você está em meio a provações e tribulações, ore em Espírito e confie que estou liberando a oração perfeita ao Pai em seu favor. A Palavra e o Espírito concordam. Então entre em acordo conosco. Um cordão de três dobras não se rompe com facilidade.

Eclesiastes 4:12; 1João 5:6-7; João 17:17

Oração

Eu entro em acordo agora com teu Espírito e tua Palavra — os quais são a verdade. Eu me recuso a elevar minhas circunstâncias acima da tua verdade. Ajuda-me a caminhar mesmo em meio às provações e tribulações que agem para distraírem meu coração.

Corra para o Pai quando você cair

Quando você tropeçar, corra para o Pai. Arraste-se de volta se precisar. O inimigo quer que você fuja de mim quando você faz ou diz alguma coisa que me entristece. Fugir somente fará ficar mais difícil de se levantar em meu poder e lutar contra argumentos, palavras e ações erradas. Corra para o Pai quando você tropeçar. Ele é capaz de colocá-la de pé mesmo que você vá até ele com o pecado em suas mãos. Sua restauração é tão rápida quanto o seu arrependimento verdadeiro. Portanto, agora já não há condenação para os que estão em Cristo Jesus. Volte-se para o seu Redentor e deixe-o lavá-la com a água da sua Palavra mais uma vez. Ele quer fazer isso.

Judas 24; 1João 1:9; Romanos 8:1

Oração

Obrigada por tua disposição em me perdoar várias vezes. Ajuda-me a sempre correr para ti quando eu peco em pensamento, palavra, ou ações para que eu possa receber teu perdão e realinhar o meu coração com o teu coração.

Dê vida aos pensamentos de Deus

O INIMIGO NÃO TEM que alimentá-la com um fluxo de pensamento de argumentos constantes. Tudo o que ele tem que fazer é plantar a semente. O pai a criou com intelecto e a habilidade de raciocinar, mas, muitas vezes, seu raciocínio está regando as sementes erradas. Muitas vezes, o seu raciocínio está dando vida aos pensamentos do inimigo em vez de dar vida aos meus pensamentos em sua mente. Pare de meditar nas palavras negativas que o inimigo está lhe falando. Destrua esses argumentos e pense nas coisas que são puras, amáveis, e assim por diante. Isso vai mudar sua mente e melhorar sua vida.

1Pedro 1:13. 2Coríntios 10:5; Filipenses 4:8

Oração

Sei que de vez em quando meu raciocínio me leva à confusão, e tu não és o autor da confusão. Ajuda-me a guardar minha mente dos pensamentos negativos que o inimigo sussurra para minha alma e pensar em seu bom plano para minha vida.

18 de abril

Espere por minha direção

Não faça nada até que eu lhe mostre o que fazer. Eu sei que, às vezes, você se sente como se estivesse no modo de crise, mas é parte do plano do inimigo para trazer confusão para sua alma. Saiba e creia nisto: seu Pai Celestial está no controle. Ele não fica surpreso como as coisas que a surpreendem. Respire fundo e tenha clareza com respeito ao seu plano. O Diabo quer que você fuja de nós e faça uma bagunça maior e cometa mais erros. Resista a essa tentação. Aquiete-se e saiba que eu sou Deus. Eu conheço o caminho e ele é perfeito.

Salmos 27:13; Lamentações 3:25; Salmos 40:1-7

Oração

Comprometo-me a esperar em ti. Não vou dar um passo ou avançar um centímetro nas situações difíceis até que tu reveles o próximo passo. Obrigada por sempre direcionares os meus passos e compartilhares a sabedoria do teu coração. Obrigada por me conduzires e me guiares em verdade.

Solte a frustração

Ficar frustrada a leva mais rápido para lugar nenhum — exceto para a ansiedade, a raiva e todas as formas de reações ruins. Quando sentir que está ficando frustrada, você parou de receber minha graça. Não passe na minha frente, não questione minha capacidade. E saiba que eu resolverei isso, seja uma tarefa difícil, uma pessoa complicada, alguma dor em seu corpo. Solte a frustração e receba a minha graça para capacitá-la a seguir em frente ao seu objetivo. Eu creio em você e aquilo que a frustra não me frustra. Que a minha paz a domine agora.

Isaías 41:10; João 16:33; Romanos 8:28

Oração

Espírito Santo, eu preciso da tua graça. Tu és o Espírito da graça. Ajuda-me a rejeitar as emoções de que me fazem agir na carne e me impedem de te ouvir claramente e receber tua ajuda. Ensina-me a caminhar em tua paz.

Quero que permaneça em meu perfeito amor

Quando você louva o meu nome, agrada meu coração. Quando bendiz meu coração, eu abençoo seu coração. Estamos em completa unidade naquele momento, abençoando um ao outro com um amor perfeito. Esse amor perfeito expulsa o medo, destrói todos os argumentos e afasta todas as ansiedades e preocupações. Esse perfeito amor é o lugar onde quero que permaneça, além dos seus momentos de adoração. Sua obediência vinda de um coração de amor me agrada e me faz abençoá-la. Quero que caminhe na revelação de que me agradar faz com que eu a abençoe e você vivencie o fruto do meu amor agindo em sua vida.

Salmos 113:2; 1João 4:18; João 14:23

Oração

Quero permanecer em teu perfeito amor — que lugar glorioso de habitar! Eu te louvo com tudo o que há em mim. Eu glorifico teu nome e firmo minha aliança a ti. Ajuda-me a caminhar em todos os momentos no perfeito amor que as Escrituras descrevem.

NÃO GUARDE RANCOR CONTRA "OS JUDAS" NA SUA VIDA

TODOS NÓS NOS deparamos com "os Judas" em nossas vidas. Mas Jesus não guardou rancor contra Judas. Ele sabia que o Pai ia usar a traição dele para um bem maior. Jesus não atacou verbalmente Judas. Ele sujeitou tudo à vontade do pai, e no final, a traição levou à salvação de muitos.

Todo mundo se depara com "os Judas". Vai guardar rancor, resistir a obra do Pai através do sofrimento e atacar verbalmente? Ou vai sujeitar tudo a Deus e crer que ele age em todas as coisas para o bem daqueles que o amam, e foram chamados de acordo com o seu propósito? As vidas podem depender da sua resposta.

LUCAS 22:48; LUCAS 22:42; ROMANOS 8:28

ORAÇÃO

Sujeito meu coração e minha vida à tua vontade. Quando eu for traída ou caluniada, ajuda-me a reagir do teu modo e não da maneira da minha carne. Ajuda-me a estar pronta para perdoar até mesmo aqueles — e principalmente aqueles — que são meus amigos íntimos.

22 de abril

Tenha uma visão eterna da sua vida

Acontecimentos inesperados: alguns são bons e outros são devastadores. Não importa qual tipo você esteja vivenciando, permaneça firme em Jesus. Evite as montanhas-russas emocionais que as circunstâncias constroem. Se receber de repente as melhores ou piores notícias da sua vida, lembre-se que esse mundo desaparecerá. Somente a fé, a esperança e o amor permanecem.

Tenha a perspectiva de Cristo. Tenha uma visão eterna da sua vida. Permaneça firme em meus propósitos. As circunstâncias vêm e vão, mas a Palavra de Deus permanece para sempre. As circunstâncias mudarão para melhor ou pior, mas Jesus jamais muda. Concentre-se nele. Você tem a vitória nas situações inesperadas!

1Coríntios 13:13; Malaquias 3:6; Hebreus 13:8;

Oração

Tua esperança é a âncora da minha alma. Tua Palavra equilibra meu emocional nos momentos bons e ruins. Ajuda-me a manter os olhos fixos em ti e manter uma perspectiva eterna quando eu enfrento "as situações inesperadas" que certamente virão em minha vida.

Escolha deixar a paz governar em seu coração

Jesus deixou claro quando ele disse para deixar que a paz de Deus governe em seu coração. Você tem a paz de Jesus — uma paz perfeita, serena — em seu coração porque Jesus deixou sua paz.

Quando surgirem as perturbações você tem uma escolha. Você tem que escolher "deixar" a paz de Jesus governar em seu coração. Ou seja, Jesus já fez sua parte: ele lhe deu sua paz. Agora você tem que fazer a sua: permita que essa paz governe. Rejeite toda a tarefa do inimigo de roubar sua paz. Comprometa-se a um estilo de vida de paz. Como resultado, você terá mais do poder de Deus.

Colossenses 3:15; João 14:27; 2Tessalonicenses 3:16

Oração

O mundo não é cheio de paz, mas tu és. Eu anseio pela tua paz. Dá-me uma revelação maior da paz que Jesus me deu, e ajuda-me a resistir à tentação de abandonar a paz e caminhar no caos desta geração. Tu és a minha paz.

24 de abril

Tenha discernimento das artimanhas do inimigo

Quando você continua correndo rumo ao mesmo obstáculo várias vezes, alguma coisa está errada em algum lugar. Eu posso ajudá-la. Geralmente, é um padrão de pensamento errado; mas às vezes, é o inimigo usando os mesmos velhos truques para bloqueá-la. Quando você está disposta a permitir que alguma coisa a bloqueie, seja uma dor de cabeça ou uma briga em casa, o inimigo vai continuar usando a mesma tática para bloqueá-la da próxima vez. É por isso que precisa discernir os padrões demoníacos e avançar rumo à resistência. Só você pode deixar o inimigo bloqueá-la. Então, renove sua mente e não seja ignorante acerca das artimanhas do inimigo. Eu estou aqui para ajudá-la.

2Coríntios 2:11; Hebreus 5:14; Provérbios 18:15

→ Oração ←

Tu vês e conheces todas as coisas. Ajuda-me a discernir os obstáculos em meu caminho, sejam eles as artimanhas do inimigo ou simplesmente minha carne lutando contra ti. Quero caminhar em teu plano perfeito. Ajuda-me a avançar rumo a qualquer e toda resistência à tua vontade.

25 de abril

NÃO RECUE!

ÀS VEZES, VEJO-A recuando porque está cansada da batalha. Eu entendo seu recuar, mas tenho algo a dizer sobre isso: levante-se porque a vitória é sua. Não permita que o inimigo a atrase, faça você virar para direita ou para esquerda, ou a coloque em um beco sem saída. Levante-se no poder da minha força, e eu me mostrarei forte em seu favor.

Jesus expôs os inimigos à vergonha na cruz (Colossenses 2:15). Aceite a obra da cruz, e caminhará com ousadia diante de todos que se opõem a você. O justo é tão ousado como um leão. Então, não recue. Levante-se. Eu estou com você.

ISAÍAS 60:1; EFÉSIOS 6:10; PROVÉRBIOS 28:1

ORAÇÃO

Obrigada pelo poder da tua força! Levantarei na tua força com a garantia que tens me dado a vitória. Ajuda-me a depender de ti e não da minha própria força enquanto caminho neste mundo tenebroso tentando realizar tua vontade.

Esteja disposta a lutar

Muitos cristãos colocam um ponto final prematuro antes da palavra "luta" em Efésios 6:12. Eles param após a frase "pois a nossa luta". Mas você deve entender que está numa batalha espiritual contra principados e potestades. Você é uma cidadã do Reino de Deus, e os demônios do reino das trevas conspiram contra você. Se não lutar — se não exercer sua autoridade em Cristo —, não caminhará na vitória completa que Cristo venceu por você. Não se concentre excessivamente no inimigo, mas também não o despreze. Existem fortalezas espirituais em sua cidade e talvez até mesmo sobre sua vida. Corra rapidamente para a linha de batalha quando eu a conduzo porque sua vitória é certa.

Efésio 6:12-20; Filipenses 3:20; 1Samuel 17:48

Oração

Minha cidadania está no céu. Estou assentada nos lugares celestiais em Cristo Jesus. Faz-me lembrar disso quando as coisas desta terra parecem contradizer a vitória que sei que é minha. Dá-me a sabedoria para sair em batalha para impor a vitória de Cristo.

Continue atacando

Simplesmente continue atacando seja lá o que for que esteja lhe resistindo ou bloqueando seu caminho. Mesmo se não vir o progresso com seus olhos naturais, você estará progredindo no espírito. Pense nisto: se der uma pancada em uma árvore com um machado dez vezes ao dia, a árvore finalmente cairá. Pode parecer mais demorado do que gostaria; porém, mais cedo ou mais tarde, a árvore cairá. Este princípio é verdadeiro também na esfera espiritual. Se não desistir, o que está lhe resistindo finalmente cairá. Se continuar avançando naquilo que eu lhe disse para fazer, mesmo se não ver os resultados visíveis, você irá romper. Continue atacando.

Gálatas 6:9; Lucas 11:9-10; 1Tessalonicenses 3:13

Oração

Ajuda-me a resistir à tentação de desistir quando estou cansada. Dá-me um espírito persistente e perseverante diante dos obstáculos no espírito e na carne. Ajuda-me a caminhar pela fé e não por vista, assim eu não ficarei desanimada por aquilo que não parece certo.

28 de abril

Creia que Deus está agindo

As coisas podem parecer bem diferentes amanhã, então fique em paz. Não tome nenhuma decisão hoje e não fique desanimada. Muitas vezes, quando o mundo desaba em você, o inimigo recua tão rápido quanto veio se você simplesmente permanece firme. O segredo é não ser sugada pelo drama. Você faz isso crendo de todo o coração que o Pai está no controle, lançando suas ansiedades sobre Jesus, pedindo minha ajuda, e crendo que nós vamos cooperar para o bem e que você surgirá vitoriosa, mais forte e mais sábia pela experiência.

Tiago 1:19; Isaías 59:19; 1Pedro 5:7;
2Coríntios 4:17-18

→ Oração ←

Quando o inimigo vier como uma inundação, levanta um estandarte contra ele! Ajuda-me a lembrar que tudo isso vai passar. Ajuda-me a me apegar em tua Palavra em meio à guerra, estar pronta para ouvir, ter calma para falar da minha alma.

Você não tem que responder

Às vezes, não responder é a melhor resposta. Quando alguém a ataca verbalmente, às vezes é sábio ficar calada. De vez em quando, você pode explicar com uma voz branda e esperar que isso afaste a fúria da pessoa. Mas às vezes, não responder é a melhor resposta.

Não medite na negatividade. Volte-se para o Pai e ore pela pessoa que está a atacando. Pode ser que ela volte com um pedido de desculpas. Ou pode ser que ela irá atacá-la mais porque acha que o primeiro ataque não chamou sua atenção. De qualquer maneira, você se moveu na direção oposta, e o Pai está contente. Não responda ao ataque a menos que eu lhe dê as palavras a serem ditas. Enquanto isso, permaneça em oração.

Mateus 26:63; Marcos 14:61; 1Pedro 3:9

Oração

Coloca uma guarda à minha boca. Vigia a porta de meus lábios. Não deixes meu coração se preocupar, porque isso conduz só ao mal. Ajuda-me a resistir à tentação de retribuir o mal com mal, ou insulto com insulto, ou ofensa com ofensa. Ajuda-me a não responder.

O QUE REALMENTE SIGNIFICA ESPERAR NO SENHOR

SE VOCÊ ESPERAR no Senhor, sua força será renovada. Essa é nossa promessa. Mas nós não faremos sua parte. Você tem que esperar.

O que significa esperar no Senhor? Significa sentar-se em minha presença. Significa contemplar a beleza de Jesus. Significa não passar na minha frente e tentar consertar a crise que está drenando suas forças. Significa ficar na expectativa por mim de surgir e vencer seus inimigos por você, justificá-la ou promovê-la. Quando depender de mim totalmente e não do seu próprio entendimento, você está numa posição forte. De fato, o meu poder se aperfeiçoa na sua fraqueza.

ISAÍAS 40:31; SALMOS 27:4; PROVÉRBIOS 3:5-6

ORAÇÃO

Não quero passar na tua frente. Envolve meu coração com teu amor para que eu não aja sem tua direção. Dá-me tal sensibilidade ao teu Espírito para que eu esteja relutante a agir a menos que tu ajas. Obrigada por me ensinares o que significa esperar no Senhor.

Maio

"Chegando o dia de Pentecoste, estavam todos reunidos num só lugar. De repente veio do céu um som, como de um vento muito forte, e encheu toda a casa na qual estavam assentados. E viram o que parecia línguas de fogo, que se separaram e pousaram sobre cada um deles. Todos ficaram cheios do Espírito Santo e começaram a falar noutras línguas, conforme o Espírito os capacitava."

— Atos 2:1-4

Meu poder habita em você

Às vezes, você precisa recuar e respirar. Está tudo bem. Respire. O Pai lhe deu o fôlego de vida. Eu vivo em você e a capacito. Não despreze nossa vida e nosso poder. Medite neles e sentirá minha força crescendo em seu coração.

Considere isto: o Espírito daquele que ressuscitou Jesus dentre os mortos habita em você. Suas orações fervorosas e eficazes fazem um poder tremendo estar disponível para você. Você ainda não percebeu o quanto realmente é poderosa em Cristo. Estou lhe dizendo que nenhum demônio pode impedi-la. Respire fundo, então levante-se e busque a vontade do Pai para sua vida. Eu estou com você.

Jó 33:4; Romanos 8:11; Tiago 5:16

Oração

Recuso-me a desprezar teu fortalecimento, mas meditarei em teu habitar em meu espírito até que eu sabia que sei o que sei que tu estás comigo. Mostra-me o poder tremendo que tenho como filha de Deus para que aumente minha confiança nele.

Continue avançando rumo ao Reino

"O Reino dos céus é tomado à força, e os que usam de força se apoderam dele." Essa verdade implica que uma batalha espiritual está se tornando mais acirrada, com forças de resistência que ficam entre você e a vontade do Pai pela sua vida, sua família e pela terra. Quer ser uma vencedora? Avance rumo ao Reino, e quando tiver avançado tudo o que pode, avance um pouco mais.

Eu irei capacitá-la para continuar avançando rumo à vontade perfeita do Pai para sua vida. Se não desistir, vencerá. Você não pode perder se continuar avançando rumo ao Reino. Você tem a vitória em Cristo. Veja-a e viverá.

Mateus 11:12; Tiago 4:7; Filipenses 2:13

Oração

Por teu poder, eu me sujeitarei ao Pai e resistirei ao Diabo e a todos os seus planos. Ajuda-me a avançar além da resistência na esfera espiritual. Ajuda-me a avançar além da minha carne que luta contra ti. Ajuda-me sempre a continuar avançando.

Você é "mais do que" em Cristo

Não permita que ninguém faça você se sentir "menos do que". Família. Amigos. Irmãos e irmãs cristãos. Às vezes, eles a humilham para se exaltarem. Às vezes, eles sabem o que estão fazendo, e às vezes não. Independentemente, a verdade é que ninguém pode "fazê-la" sentir "menos do que" quando você sabe quem é em Cristo. Quando sua identidade está enraizada e edificada em Cristo, as palavras que tentam fazê-la se sentir "menos do que" não importam, porque você é confiante de que é "mais do que" vencedora nele. Para aqueles que a humilham, mova-se na direção oposta e os exalte. Abençoe-os e você será abençoada.

Colossenses 2:7; Romanos 8:37; Romanos 12:14

Oração

Recuso a me comparar com os outros ou receber as palavras negativas que as pessoas dizem sobre mim. Minha identidade está enraizada bem firme em Cristo. Ajuda-me a ver a mim mesma e aos outros do modo que tu me vês para que eu edifique a mim e aos outros com minhas palavras.

Todas as promessas de Deus são sim e amém

Renove o compromisso de ser uma praticante da Palavra e você receberá bênçãos tremendas, incluindo a paz e a alegria em meio às provações. À medida que amadurece em Cristo, tornando-se mais e mais como ele, verá com seus próprios olhos simplesmente como as promessas verdadeiras do Pai realmente são. Todas as suas promessas são sim e amém. Ver essa verdade se manifestar em sua vida é, em grande parte, uma questão de perseverança apesar do que suas circunstâncias a seduzem para crer. A alternativa de caminhar em fé é ter a mente dividida, e o homem de mente dividida é instável em tudo o que faz.

Tiago 1:22; 2Coríntios 1:20; Tiago 1:8

Oração

Creio em tuas promessas e me recuso a me afastar da verdade da tua Palavra. Ajuda-me a permanecer no caminho, não importa o que eu veja com meus olhos naturais. Ajuda-me a manter minha mente firmada em Cristo e caminhar em tua paz enquanto espero pelas promessas do Pai.

Entregue-me as rédeas

Quero ajudá-la. Eu sou seu Conselheiro. Mas de vez em quando, você não vai tirar suas mãos daquilo com que está lidando. Não posso me envolver no nível que quero até que solte suas mãos e entregue a situação para Jesus. Contanto que esteja lutando na carne para consertar algo, você não está permitindo que minha graça aja em sua vida do modo que desejo.

Irei mostrar-lhe algumas áreas da sua vida nas quais desejo que entregue as rédeas. Se entregá-las para mim, tomarei o controle e mostrarei os passos a tomar para resolver as coisas. Estou esperando por você para chegar ao final de si mesma para que eu possa me mostrar forte em sua vida.

João 14:26; Salmos 38:15; 2Crônicas 16:9

Oração

Mostra-me agora onde tu queres que eu solte minhas mãos das rédeas e eu soltarei. Ajuda-me a ver onde estou chegando em teu caminho e sairei da tua frente. Ensina-me e mostra-me os teus caminhos. Comprometo meu coração a render-se a ti.

Aprenda a diferença entre convicção e condenação

Quando o inimigo está atacando, é importante sondar seu coração e garantir que você não abriu uma porta para ele. Mas saiba disto: o inimigo vai tentar fazer você sentir como se tivesse feito alguma coisa errada, mesmo quando não fez. Eu *convenço*; o inimigo *condena*. Quero ensiná-la como reconhecer entre a convicção do pecado e a condenação. Uma forma de discernir a diferença é que a convicção vem do meu coração de amor por você. Eu sou amor, e não irei condená-la por um pecado que abre a porta para o inimigo. Apenas arrependa-se.

Romanos 8:1; Romanos 8:34; João 8:10-11

Oração

Espírito Santo, recebo tua convicção porque quero caminhar com prudência diante de ti. Ajuda-me a discernir teu coração de amor e evitar a armadilha da condenação que o inimigo expõe para mim quando não alcanço tua glória.

A VERDADE IRÁ LIBERTÁ-LA

Onde está o Espírito do Senhor, ali há liberdade. Busque uma maior consciência da minha presença na sua vida, e você se libertará dos argumentos opressivos que impedem de alcançar minha perfeita vontade para você. Eu estou com você. Vivo em você. Nunca a deixarei, nunca a abandonarei!

Quanto mais você refletir nessa verdade, mais poder terá. Peça-me por uma maior revelação delas enquanto medita na Palavra do Pai. Enquanto dedica seu coração a entender, eu derramarei a sabedoria e a revelação que você deseja, e a verdade a libertará.

2Coríntios 3:17; 1Coríntios 6:9; Provérbios 2:2

Oração

Dá-me uma revelação maior da tua presença e um claro discernimento da obra do inimigo de colocar argumentos opressivos em minha alma. Dá-me o entendimento que tu habitas em mim e que nunca me deixarás. Mostra-me a verdade que me libertará!

Esteja preparada para o inimigo

Ter uma postura defensiva não significa esperar o pior. Simplesmente significa estar preparada para qualquer coisa e tudo o que o inimigo possa enviar em teu caminho. Se está esperando um golpe, não terá tanto impacto sobre você tanto quanto se fosse pega de surpresa.

Esteja preparada para permanecer em comunhão comigo, renovando sua mente com a Palavra, buscando o coração do Pai. Espere pelo melhor todo dia, mas fique alerta porque o inimigo de vocês está rugindo ao redor como um leão, e procurando a quem possa devorar. Não tem que ser você! Eu irei alertá-la se ficar perto do meu coração.

1Coríntios 16:13; 1Pedro 5:8; 1Pedro 1:13

Oração

Dá-me um espírito alerta para que eu possa estar pronta para ouvir os teus alertas. Ajuda-me a ficar vigilante e atenta, não porque tenho medo do inimigo, mas por que tua Palavra ordena. Comprometo meu coração a ter íntima comunhão contigo todos os dias.

ORE POR AQUELES QUE A PERSEGUEM

QUANDO ALGUÉM FALA palavras cruéis sobre você ou sua família, o Diabo fará tudo o que puder para se certificar que elas cheguem aos seus ouvidos. Cochichar sobre as pessoas recebe o nome de fofoca, e eu odeio isso. Você tem duas escolhas quando ouve as palavras cruéis: você pode reagir no mesmo espírito mau, ou pode resistir à tentação e agir como seu Pai no céu.

Eu falo com você, e que nenhuma palavra torpe saia de sua boca. Edifique as pessoas mesmo se elas a humilharem. Ore por aqueles que a perseguem e falam todos os tipos de coisas contra você, assim você pode ser como Jesus.

PROVÉRBIOS 16:28; TIAGO 3:5; EFÉSIOS 4:29; MATEUS 5:44

ORAÇÃO

Eu não gosto de ouvir fofoca e calúnia sobre mim e os outros. Ajuda-me a não me envolver nisso. Ajuda-me a falar a verdade em amor seja lá quais forem as coisas desagradáveis que são ditas sobre mim. Pelo amor de Cristo, dá-me um coração para orar por aqueles que fofocam de mim.

Aja como quem realmente você é

Você sabe mesmo quem é em Cristo? Você é mais do que vencedora, mesmo em tempos de provação. Você é aceita no Amado, embora cometa erros. É santa e inocente diante dele, mesmo enquanto está crescendo. Levante-se em sua identidade e aja como quem você realmente é, e encontrará mais paz, alegria e vitória em sua vida. Assuma uma consciência de justiça em vez de uma consciência de pecado. Olhe para quem você é em Cristo em vez de olhar para aquilo que o inimigo quer lhe mostrar. É vital que entenda quem realmente você é e o quanto nós a amamos.

Romanos 8:37; Efésios 1:4-6; Romanos 5:17

Oração

Muitas vezes sou dura comigo mesma. Ajuda-me a me concentrar em quem eu sou em Cristo em vez de me concentrar naquilo que eu não faço certo. Ajuda-me a estar pronta para me arrepender quando não alcanço tua glória e perceber que tu me amas apesar dos meus defeitos. Mostra-me quem eu realmente sou.

Espere até a tribulação acabar para tomar decisões

Não tome grandes decisões em meio a uma provação. Com muita pressão natural e espiritual, pode ser difícil tomar as decisões certas. O inimigo surge com emoções destrutivas que lançam você para lá e para cá em sua alma. Ao meditar na Palavra de Deus, terá uma âncora em sua alma com a esperança que gera a fé. Encontrará a estabilidade em meio à torrente. A menos que tenha uma Palavra clara vinda de mim, adie as grandes decisões até que a provação acabe. Eu lhe prometo: as coisas irão parecer muito diferentes quando você tiver a minha perspectiva.

Hebreus 6:19; Romanos 10:17; Provérbios 3:5-6

Oração

Dá-me a sabedoria para tomar as decisões certas de acordo com a Palavra de Deus e o teu entendimento. Equilibre as emoções que são profundas em meio às tribulações ardentes, para que eu possa ouvir claramente a tua voz e obedecer às tuas instruções.

12 de maio

Quando uma tempestade se levantar, concentre-se em Jesus.

Quando uma tempestade se levanta contra você, você tem duas escolhas: concentrar-se no vento ou se concentrar em Jesus. Se escolher se concentrar no vento, você será lançada de um lado ao outro pelos medos em sua alma. Se escolher se concentrar em Jesus, meditar em sua Palavra e falar com sua boca, encontrará a paz mesmo se os ventos não se acalmarem imediatamente. E os ventos irão se acalmar a tempo. Não se concentre no vento.

Mateus 7:25; Marcos 4:35; Isaías 26:3

Oração

Ajuda-me a manter-me focada em Jesus, independentemente do que estiver acontecendo ao meu redor. Ensina-me como atrair sua paz e deixá-lo acalmar a tempestade na minha alma que se levanta quando os ventos das provações e tribulações sopram em minha vida.

Tudo bem em descansar

Jamais desista! Eu não permitirei. Mas está tudo bem descansar em Jesus. Sim, às vezes, está tudo bem ir mais devagar e simplesmente navegar em minha graça. Não avance rumo aos seus objetivos de maneira tão rigorosa, pois você se esgotará emocionalmente. Caminhe no ritmo que estabeleci para você, e sentirá a unção e reconhecerá a graça de caminhar. Quero ensiná-la como fluir em minha graça e se conectar com a sabedoria do descanso. Descansar e reavaliar sua situação não significa desistir. Você encontrará uma nova força e novas estratégias para ser mais eficiente em Cristo se for mais devagar quando eu lhe disser para ir.

Marcos 6:31; Salmos 127:2; Hebreus 4:9-11

Oração

Escolho descansar em Jesus e resistir à tentação de continuar resistindo além da graça que tens me dado. Ensina-me como reconhecer tua unção para avançar e tua direção para parar e descansar por algum tempo. Dá-me a sabedoria para saber quando reavaliar a situação.

Busque agradar somente a Deus

Muitas pessoas irão julgá-la de forma errada. Assim que o Pai a promover, você encontrará pessoas que irão lhe dizer algo que acreditam que você está fazendo errado e julgarão seu coração. Você não pode agradar ao homem, então nem tente. Preste atenção e ore a respeito dos conselhos que vêm das pessoas com quem você se relaciona. Eles a conhecem melhor. Não permita que os ataques de pessoas estranhas a bloqueiem.

Afinal de contas, eu sou aquele que convence você do pecado, então fique perto de mim e eu lhe mostrarei se está caminhando na direção errada. Busque agradar ao Pai e somente a ele. Ele cuidará do resto.

Mateus 10:28; 1Coríntios 4:3; 1Coríntios 2:15

Oração

Recuso-me a me curvar diante do medo do homem. Temerei ao Senhor e somente a ele. Cerca-me com conselheiros sábios que ouvem a tua voz e guarda-me da tentação de ser uma bajuladora. Ajuda-me a guardar meu coração diligentemente e estar pronta para me arrepender.

Mantenha seus olhos em mim

Pare de olhar seus defeitos e olhe para mim. Quando mantém seus olhos em mim, você se conecta com minha graça e meu poder para vencer a sua carne que a deixa sentindo culpada e condenada. A culpa e a condenação não vêm de mim; elas vêm do inimigo.

Levante-se, refulja e brilhe! Não permita que o inimigo a deixe para baixo, a cubra com suas trevas, ou apague seu fogo. O Pai quer usá-la de uma nova maneira! Arrependa-se, livre-se da culpa e levante-se em nome de Jesus. As minhas graça e força estão disponíveis para você.

João 16:8; Romanos 7:15-19; Miqueias 7:19

Oração

Eu não vou dar atenção à voz do acusador dos irmãos. Ajuda-me a não ceder aos sentimentos de culpa e vergonha depois que eu te aflijo com minhas palavras e ações. Obrigada por atirares meu pecado nas profundezas do mar e por fortaleceres o meu coração.

Siga minha direção ao ministrar aos outros

Existe uma linha tênue entre ter compaixão e resgatar as pessoas das consequências que elas precisam enfrentar para aprenderem e crescerem. Caminhar na compaixão da alma não é a minha vontade para você — ou para aqueles que você está tentando ajudar. Caminhar na compaixão de Jesus é a melhor maneira de ajudar as pessoas. Caminhar nas obras da alma ou nas obras da carne podem atrapalhar a ajuda que quero conceder. Amo seu coração que ajuda as pessoas, mas pergunte para mim primeiro. Eu irei lhe mostrar a linha tênue entre a compaixão da alma e a compaixão espiritual, assim você pode agir de acordo com minha vontade.

Provérbios 19:19; Provérbios 1:7; Salmos 18:30

Oração

Sei que amas as pessoas muito mais do que eu amo. Ajuda-me a sair da tua frente e evitar tentar resolver os problemas que não me chamaste para resolver. Ajuda-me a ter compaixão do teu modo e em teu tempo.

17 de maio

Permaneça firme à medida que as fases mudam

As fases não duram para sempre. Existem fases turbulentas e fases nas quais você sente como se estivesse no topo do mundo. A palavra-chave é estabilidade. Se uma nova fase trouxer acréscimo ou desafios, confie em mim para ajudá-la a permanecer firme e vigilante. O inimigo está sempre andando ao redor como um leão, rugindo e procurando a quem possa devorar. Mas Jesus já a libertou da boca do leão. Então permaneça forte e alegre-se enquanto as fases mudam. A vitória é sua.

Eclesiastes 3:1; 2Timóteo 4:17; Salmos 139:16

Oração

Ensina-me como permanecer constante seja qual for a fase. Ensina-me como caminhar em cada fase da minha vida com sabedoria e estabilidade que falarão para aqueles que ainda não conhecem a Jesus. Dá-me um espírito disposto para evitar as armadilhas no inimigo.

VOCÊ VAI SE RENDER A MIM?

Eu sou o seu Consolador. Mas eu irei afastá-la da sua zona de conforto natural para incentivar o crescimento espiritual. Não resista à minha direção, às minhas palavras de sabedoria, ou ao meu crescimento. Sei que não parece bom para a sua carne, que luta contra meu Espírito, mas eu lhe prometo isto: se você se comprometer a diminuir em sua carne para que Jesus possa crescer em seu coração, perceberá uma paz, um conforto e uma alegria maiores em sua vida. Vai se render a mim mesmo quando doer?

GÁLATAS 5:17; JOÃO 3:30; ROMANOS 6:13

→ ORAÇÃO ←

Eu não gosto de mudança, mas comprometo a seguir-te fora da minha zona de conforto porque sei que o caminho por que estás me conduzindo é bom. Ajuda-me a lembrar que é um bom lugar quando minha carne desafia minha mente e as emoções desafiam minha vontade. Eu quero me render a ti.

Peça-me a chave

É necessário somente uma chave para dar partida no carro. É necessário somente uma chave para abrir sua casa. E é necessário somente uma chave para chegar a um novo nível espiritual. Aqui estão as boas notícias: eu tenho a chave para cada nível! Eu vejo o fim a partir do começo. Sei onde o Pai quer levá-la. Sei quais portas abrir e onde seus avanços estarão. Eu tenho todas as chaves que você sempre precisará para cumprir seu destino. Eu lhe darei a chave certa no momento certo. Não passe na minha frente, nem fique atrás de mim. Continue me pedindo a chave que precisa para abrir a porta para a próxima fase da sua jornada.

Isaías 46:9-11; Isaías 46:10; Apocalipse 22:13

Oração

Por favor, dá-me as chaves que preciso para abrir as portas que o Pai ordenou eu atravessar. Mostra-me por qual caminho ir — e por qual não ir — para que eu vivencie os avanços que tens preparado para mim. Fortalece o meu coração para seguir-te no ritmo que determinas.

Espere no Senhor

Você já ouvir dizer — e de fato eu lhe disse antes — para esperar no Senhor. Esperar no Senhor não é simplesmente ser paciente. Não é simplesmente recusar caminhar na minha frente sem minha direção. Esperar no Senhor é uma busca ativa da vontade do Pai. Esperar no Senhor é esperar apaixonadamente por mim para surgir em meio as suas circunstâncias e lhe dizer exatamente o que fazer e o que dizer no tempo específico. Quando espera em mim — seja qual for o tempo que tenha que esperar —, você terá alegria por causa da certeza de que eu irei aparecer.

Salmos 27:14; 1Crônicas 16:11; Hebreus 11:6;
Salmos 25:4-5

Oração

Obrigada por me ensinares como esperar em ti. Quero caminhar na perfeita vontade do Pai e no tempo perfeito. Coloco o meu coração para confiar no Senhor apaixonadamente, buscar sua face, e esperá-lo proporcionar as condições ideais para eu fazer sua vontade.

ACALMAR A TEMPESTADE

O QUE VOCÊ ESTÁ atravessando não vai durar para sempre. Como um furacão, isso vai passar, e você irá recuperar seu poder novamente. A verdade é que você não perdeu o seu poder. Simplesmente sente-se fraca devido ao ataque do inimigo. Então, concentre-se no poder que ressuscitou Cristo dos mortos, que habita em você, e dê a volta por cima de novo. Concentre-se em mim. Eu sou o seu Intercessor, seu Advogado, sua Espera, seu Consolador e seu Conselheiro. Sou para você tudo que Jesus era para seus discípulos em meio à tempestade violenta à qual ele falou. Eu lhe darei as palavras para falar à sua tempestade. Somente creia.

JOÃO 16:7; 2TIMÓTEO 1:7; 1CORÍNTIOS 4:20

ORAÇÃO

O poder que ressuscitou Cristo dos mortos habita em mim! Então sou capaz, em Cristo, de enfrentar todos os desafios que surgem em meu caminho. Dá-me as palavras para falar às tempestades que sopram em minha vida. Escolho crer ser quem tua Palavra diz que sou.

22 de maio

Seja alegre tanto nos montes quantos nos vales

Lembra-se como é estar no topo de uma montanha? Você sentiu como se estivesse no topo do mundo! Na verdade, você está no topo do mundo, mesmo quando não sente como se estivesse. O mundo não tem poder de segurá-la. Porém, as tribulações surgiram para aperfeiçoar seu caráter.

Os picos e os vales são parte da sua caminhada comigo — momentos de triunfo assim como momentos de provação. A terra prometida está cheia de picos e vales. Lembre-se sempre da alegria do topo da montanha, e recuse deixar esta alegria quando surge um vale para encontrá-la.

Isaías 54:10; Salmos 23:4; Lucas 3:5

Oração

Mesmo quando eu andar por um vale de trevas e morte, não temerei perigo algum. E quando eu estiver no topo da montanha, continuarei a buscar a tua face. Ajuda-me a permanecer contente em Cristo, quer eu esteja em um vale, quer no topo de uma montanha.

Ajude os outros enquanto eu conduzo

O Pai abrirá um caminho onde não parece existir nenhum caminho. Jesus é o caminho. Eu conheço o caminho. Temos você totalmente protegida. Não é possível que você saia do nosso domínio. Somos um com você. Então, tire sua mente das circunstâncias que desafiam essa realidade. Coloque sua mente para ajudar outra pessoa enquanto a ajudamos.

O que você faz acontecer para alguém, faremos acontecer para você. Então olhe para mim e busque ajudar os outros enquanto eu conduzo. Todas as coisas se encaixarão. De verdade. Morra para você mesma e viva para nós. Nós temos tudo planejado. Simplesmente descanse em mim.

João 14:6; João 10:29; Efésios 6:8

Oração

Eu nem sempre vejo o caminho, mas conheço aquele que vê. O teu caminho é sempre bom. Mostra-me como andar em teu caminho. Ajuda-me a instruir os outros para que eles possam andar em teu bom caminho. Eu dependerei da tua direção.

24 de maio

VISTA TODA A ARMADURA DE DEUS

A PESSOA QUE DESEJA caminhar em verdadeira autoridade deve vestir toda a armadura de Deus para lutar contra os principados e potestades. A armadura consiste mais do que uma espada. Justiça, verdade, fé e paz são essenciais para exercer a autoridade espiritual. Nunca abra mão dessas armas, porque você estará abrindo mão da sua eficácia.

E não deixe de caminhar em amor. O seu escudo da fé será mais forte porque a fé age pelo amor. O amor deve ser a razão de tudo o que você faz — mesmo lutando na batalha espiritual. Sua autoridade em Cristo está enraizada no amor dele por você. Ele quer que você a use e coloque para trás tudo o que atrapalha as pessoas de vivenciarem seu amor.

EFÉSIOS 6:12; EFÉSIOS 5:2; GÁLATAS 5:6;

ORAÇÃO

Faz-me lembrar de vestir toda a armadura de Deus. Ajuda-me a caminhar na verdadeira autoridade espiritual com convicção. Dá-me um coração para a intercessão que conduz à intimidade contigo e ajuda os outros entrarem em um relacionamento mais profundo com Jesus. Que o teu amor me constranja.

Corte os laços antigos das almas

Às vezes, as antigas uniões precisam ser desfeitas. Entendo porque está relutante para colocar o machado à raiz das relações podres. Você não quer magoar ninguém. Isso eu amo em você. Mas se não fizer isso, as pessoas vão atrapalhar a colheita de bênçãos na sua vida.

Obedeça a minha voz. Eu sei onde o Pai está lhe levando — e ele tem uma vida mais abundante em mente para você. Então, quando eu lhe mostro que é hora de cortar um laço de alma, corte-o e não olhe para trás. Tenha certeza que você será abençoada pela sua obediência e eu cuidarei daquele que eu lhe disse para deixar para trás.

Gênesis 19:26; Deuteronômio 28; João 10:10

Oração

Mostra-me os laços que eu preciso cortar e os laços que eu preciso fortalecer para ver as tuas bênçãos me alcançarem. Ainda que doa muito abrir mão das antigas uniões que estão envenenando minha alma, fortaleça-me para obedecer tua voz.

26 de maio

ESTOU CHAMANDO-A COMO UMA AGENTE DE UNIDADE

ESTOU CHAMANDO-A COMO uma agente da minha unidade neste momento. Jesus está edificando sua Igreja, e certamente as portas do inferno não poderão vencê-la. Mas a divisão entre meu povo e entre as igrejas está fazendo uma brecha que me impede de agir da forma que desejo agir. Prepare o caminho para a unidade com humildade, graça e amor. Busque ser uma pacificadora. Proclame a mensagem da unidade, mas também caminhe nela. Não será fácil, mas eu irei capacitá-la para fazer isso. Será vital para você trabalhar pela unidade neste momento.

FILIPENSES 2:2; 1PEDRO 3:8; ROMANOS 12:4-5

ORAÇÃO

Teu coração clama pela unidade, então eu uno o meu coração com o teu e aceito teu chamado para reparar as brechas na tua Igreja. Mostra-me o que fazer, onde ir e para quem falar — e como orar — para ver a unidade manifesta entre o teu povo neste momento.

Caminhe em Espírito

Nenhuma arma forjada contra você prosperará. Mas isso não significa que a arma não virá contra você. E não significa que você não pode dar a ela o poder de distraí-la. Você pode permitir ao inimigo uma medida de sucesso em sua vida ao ter uma reação emocional ao ataque em vez de confiar em mim com todo o coração. Cancele a capacidade do Diabo de prosperar em sua alma concentrando-se em minha graça salvadora no ataque que ele lançou. Caminhe no Espírito e o inimigo não prosperará em sua alma.

Isaías 54:17; Salmos 91; Gálatas 5:16

Oração

Ajuda-me a caminhar no Espírito todos os dias da minha vida. Não quero cumprir os desejos da carne. Não quero ser guiada pelas emoções. Quero ser guiada por ti. Mostra-me como crucificar minha carne e controlar as minhas emoções para a tua glória.

Busque uma mudança duradoura em seu coração

A MUDANÇA DURADOURA ACONTECE quando você está disposta a ver a si mesma como eu a vejo. Às vezes, isso significa ver, reconhecer e se arrepender por um pensamento errado que está atrapalhando o meu amor. Em outros momentos, significa confessar uma palavra ou ação pecaminosa que está impedindo a comunhão comigo. Mas isso sempre significa ver o meu amor por você apesar de tudo.

Minha bondade irá conduzi-la à mudança que ambos queremos ver em seu coração — mas essa mudança acontecerá somente quando você vir onde está e como isso conflita com o lugar ao qual eu quero levá-la. Aceite minha obra gloriosa em sua alma. Eu tenho o poder de ajudá-la a se tornar mais parecida com seu belo Salvador.

1João 1:9; Efésios 4:24; Efésios 2:10; João 15:16

Oração

Quero ver a mim mesma do modo que tu me vês. Arrependo-me dos meus pecados em pensamento e ação e te peço para me perdoares e me restaurares para a comunhão perfeita contigo. Obrigada por me amares com um eterno amor e por tu estares me mudando pouco a pouco.

Pense no meu amor por você

Quando você pensa em mim, lembre-se de como é puro o meu amor por você. Considere o fato que toda palavra que falo ao seu coração é motivada pelo amor. Meus pensamentos em relação a você são cheios de amor. Eu a conduzo e a guio pela lei do amor. Não há nada que você possa fazer ou dizer para fazer meu grande amor por você diminuir. Então, aproxime-se do meu coração. Ouça minhas palavras amorosas e deixe-as incentivar seu coração, deixe-as fortalecer a sua alma, deixe-as inspirá-la para entregar sua vida para a grande comissão de Cristo.

1Coríntios 13:4-8; 1João 4:10; Salmos 36:10-12

Oração

Tu és amor, e tudo o que fazes é amor. Obrigada por falares palavras de amor e palavras de vida ao meu coração. Ajuda-me a lembrar das tuas palavras amorosas quando eu me decepciono — e te decepciono —, então eu correrei para os teus braços de amor.

Quero que você conheça meu coração

Quero que você conheça meu coração do modo que eu conheço o seu coração. Quando você entender totalmente as intenções do meu coração, quando entender totalmente o quanto eu me importo com você, quando tiver a revelação do meu profundo amor por você, jamais será a mesma. A nossa companhia será ainda mais carinhosa e nossa comunhão mais forte. É o que eu quero e sei que é o desejo do seu coração. Quero que você conheça o meu coração.

Tiago 1:17; João 3:16; Mateus 7:9-11

Oração

Quero conhecer teu coração. Revela teu coração para mim diretamente e através da tua Palavra para que eu possa entender teu grande amor por mim em outro nível. Quero saber por experiência como te sentes ao meu respeito. Quero sentir e ver tua bondade.

Enxergue a diferença entre o Espírito e a carne

Nem todo obstáculo que você enfrenta envolve batalha espiritual; mas, às vezes, não discerne que o inimigo está vindo contra você. Quando sente como se não pudesse dar outro passo, é possível que você esteja caminhando fora da minha graça. Minha graça é suficiente para capacitá-la a caminhar na vontade do Pai.

Também é possível que você esteja sendo atacada pelo inimigo, que vem oprimir os justos. Quero ensiná-la a discernir a fonte do seu desânimo, descontentamento e cansaço. Então, você saberá se recua ou espera em mim ou se levanta e lança um contra-ataque em nome de Jesus.

2Coríntios 12:9; Daniel 7:25; 2Coríntios 2:11

Oração

Não quero ser ignorante das artimanhas do Diabo, mas também não quero ver um demônio atrás de toda maçaneta. Ajuda-me a ser equilibrada. Ajuda-me a discernir a raiz da resistência. Quero caminhar em sintonia com o teu plano para a minha vida.

Junho

"Há diferentes tipos de dons, mas o Espírito é o mesmo. Há diferentes tipos de ministérios, mas o Senhor é o mesmo. Há diferentes formas de atuação, mas é o mesmo Deus quem efetua tudo em todos. A cada um, porém, é dada a manifestação do Espírito, visando ao bem comum. Pelo Espírito, a um é dada a palavra de sabedoria; a outro, a palavra de conhecimento, pelo mesmo Espírito; a outro, fé, pelo mesmo Espírito; a outro, dons de cura, pelo único Espírito; a outro, poder para operar milagres; a outro, profecia; a outro, discernimento de espíritos; a outro, variedade de línguas; e ainda a outro, interpretação de línguas. Todas essas coisas, porém, são realizadas pelo mesmo e único Espírito, e ele as distribui individualmente, a cada um, conforme quer."

1Coríntios 12:4-11

Você pode falar comigo a qualquer momento

Você pode falar comigo a qualquer momento. Sabe onde me encontrar. Quando se une ao meu coração, eu me uno com o seu. Você sentirá minha presença enquanto se aproxima de mim. Quanto mais me buscar, mais perceberá que eu estou bem aqui com você. Eu sempre estou aqui; mas, às vezes, o ritmo acelerado da vida a distrai da realidade. Se for mais devagar só por um minuto e pensar em mim, surgirão paz e alegria.

Tiago 4:8; Salmos 119:15; Salmos 139:7

Oração

Ajuda-me a ir mais devagar e reconhecer tua presença ainda que meus dias sejam agitados. Tu estás mais perto do que eu saiba — mas quero saber, quero sentir tua presença enquanto atravesso meu dia. Quero caminhar contigo. Mostra-me como.

Permita-me que eu a santifique

Eu sou chamado de "Santo" por um motivo. E você é chamada para ser santa porque eu sou santo. Mas se esforçar para ter santidade não irá lhe trazer a santificação que eu desejo. Você pode se consagrar ao Pai, mas eu sou aquele que a santifica, regenera e capacita para caminhar em minha santidade e na justiça de Cristo. Pare de se esforçar tanto, e comece a falar, pensar e caminhar em minha Palavra através da minha graça. Eu farei o resto.

Levítico 20:7-8; 1Tessalonicenses 4:7;
2Timóteo 2:21

Oração

Eu sei que tu não farás minha parte, e eu não posso fazer a tua parte, então vou parar de tentar mudar a mim mesma. Mostra-me a minha parte enquanto coloco o meu coração para adentrar em um novo nível da tua santidade. Ajuda-me a descansar em tua santidade e me apoiar em teu poder transformador.

Deleite-se em mim à medida que eu me deleito em você

Eu me deleito em você. Sim, eu me deleito em você. Deleito-me em suas orações e em sua adoração. Deleito-me mais em você quando se deleita em mim. Nós estamos unidos, mas quando você se deleita em mim e eu me deleito em você, a nossa comunhão alcança novos níveis e nossa alegria um pelo outro é completa.

Quando você se deleita em mim, eu atendo aos desejos do seu coração. E quando os seus desejos são mais por mim, eu satisfaço o seu desejo e lhe dou mais do que você pode esperar.

Sofonias 3:17; Salmos 147:11; Provérbios 15:8; Salmos 37:4

Oração

Eu me deleito em ti. Eu me deleito em orar contigo e te adorar. Mostra-me como entrar no lugar de deleite, não somente nos momentos de oração e louvor, mas enquanto eu atravesso a vida diária. Ajuda-me a me deleitar em teu amor constantemente.

4 de junho

Você foi chamada para um momento como este

Você não é somente parte de uma geração escolhida. Você foi chamada para um momento como este — para uma hora como esta. Quando eu a formei no ventre da sua mãe, eu vi o teu fim — eu vi o teu destino cumprido. Caminhe com uma confiança no seu coração que estou com você a guiando através dos vales e pelas colinas, e de vitória em vitória, rumo ao destino que o Pai planejou para você. É uma caminhada de fé que lhe é dada para caminhar.

1Pedro 2:9; Ester 4:14; Salmos 139:13-1

Oração

Obrigada pelo chamado que colocaste em minha vida! Mostra-me o próximo passo que tenho que dar para cumprir este chamado. Guia-me no caminho rumo ao meu destino. Ajuda-me a usar os dons que me deste para tua glória.

Veja a si mesma através dos olhos do amor

É hora de você ver a si mesma do modo que eu a vejo. Quando eu olho para você, eu não a vejo através dos olhos dos homens. Eu a vejo através dos olhos do amor. Eu amo você completamente, então não tenha medo e não se preocupe com suas imperfeições. Não olhe nem pense nas impossibilidades. Veja a si mesma como completa em Cristo porque é assim que nós a vemos. Depois que começar a ver a si mesma do modo que nós a vemos — e depois que nos ver em você —, começará a manifestar a maturidade que deseja e ver o impossível se tornando possível.

2Coríntios 6:17-18: 2Coríntios 5:21;
Colossenses 2:10

Oração

Abre os olhos do meu coração, Senhor! Abre meus olhos espirituais para me ver como tu me vês e não como o mundo me vê ou como eu me vejo. Coloca o meu coração para se render à tua obra de forjar o caráter de Cristo em mim, para a tua glória.

6 de junho

EU JAMAIS IREI DESVIÁ-LA

VOCÊ HESITOU. O medo a deteve. A dúvida fez você questionar minha direção. Eu sei que você quer uma completa segurança de que está caminhando na direção correta, mas esta é uma caminhada de fé, um relacionamento de confiança.

Confie em seu discernimento. Você pode sentir meu incentivo. Confie na Palavra. Eu jamais irei desviá-la. Siga a paz e recuse a seguir adiante sem ela.

A fé não é ciência. Ela desafia a ciência. Não deixarei você partir. Não deixarei você cair quando caminhar em fé sincera. Não fique com medo.

ISAÍAS 41:10; TIAGO 1:6; HEBREUS 11:1

→ ORAÇÃO ←

Eu me recuso a ouvir a voz da dúvida. Eu repreendo a voz do medo. Eu me comprometo a seguir a paz que vem com tua direção. Ajuda-me a reconhecer e derrubar os argumentos vãos que contradizem tua Palavra.

Dê-me todo o seu coração

Você deteve uma parte sua — uma parte do seu coração. Abra o seu coração diante de mim. Eu não irei machucá-la; irei curá-la. Dê-me todo o seu coração. Coloque-o em minhas mãos. Não retenha nada. Abandone-se em mim. Sei que não é confortável, mas à medida que colocar o seu coração em meu coração eu irei confortá-la. Removerei aquelas coisas que impedem o amor. E quando eu remover as pedras de tropeço erguidas em sua alma, você verá meu coração de uma forma nova, e irá se render completamente à minha vontade.

Provérbios 23:26; Romanos 12:1; Mateus 7:21

Oração

Eu rendo minha vontade pela escolha da minha vontade. Não a minha vontade, Senhor, mas que a tua vontade seja feita. Eu me recuso a reter qualquer coisa de ti. Mostra-me o que fazer e eu farei. Mostra-me o que não fazer, e eu obedecerei. Guia-me e conduza-me.

8 de junho

EU IREI CAPACITÁ-LA PARA VENCER O PECADO

QUANDO EU CONVENÇO do pecado, não faço isso para você se sentir culpada, condenada, ou sem valor; faço para que possa se arrepender e receber o perdão do Pai. O arrependimento e o perdão estão entre os nossos presentes para você. Eu faço isso para que possa vivenciar o poder purificador do sangue de Jesus, que remove todo o resíduo de injustiça e a coloca em comunhão conosco em amor. Nós amamos você! Se me pedir, eu irei capacitá-la para vencer o pecado.

PROVÉRBIOS 28:13; TIAGO 4:8-10; APOCALIPSE 3:19

ORAÇÃO

Obrigada porque tu vieste para libertar os oprimidos. Obrigada porque tu me libertaste até mesmo dos meus próprios desejos que são contrários ao teu plano perfeito. Mostra-me se existe algum caminho mau em mim. Pela tua graça eu me afastarei dessas coisas que impedem o amor.

Pratique minha presença em cada fase

Quando você sentir a brisa soprando, pense em mim. Quando vir o sol brilhando, pense em mim. Quando perceber as gotas de chuva caindo, pense em mim. Pratique minha presença em cada fase, e em breve você virá a reconhecer meu mover em todas as situações.

Você não pode me ver, mas pode me conhecer, e pode saber que eu estou com você quando a brisa está soprando, quando o sol está brilhando, e quando a chuva está caindo — sempre. Quando sabe que eu estou com você, a sua confiança voará alto.

Romanos 1:18-21; Salmos 8:3-4; Salmos 19:1-6

Oração

Eu sou tão grata porque estás comigo e nunca me abandonarás ou me desampararás — nunca. Mas, às vezes, eu esqueço a realidade da tua ajuda sempre presente. Dá-me uma sensibilidade maior a ti em todas as fases e em todas as situações?

Pergunte-me o que falar, e por que orar

Quando você está sem palavras, não fale. Pergunte-me o que deve dizer e eu lhe darei sabedoria para todas as situações. Às vezes, essa sabedoria é silenciosa. Às vezes, essa sabedoria é a oração.

Quando não tiver as palavras para orar, peça-me e eu a ajudarei. Estarei ao seu lado e inspirarei suas orações. Intercederei ao Pai por você. Farei uma oração perfeita através de você. Jamais fico sem palavras, ou orações, ou qualquer coisa que necessite. Se estou em silêncio, apenas espere em minha presença. Eu tenho um plano, e irei revelá-lo para você.

Lucas 12:12; Êxodo 4:12; Romanos 8:26

Oração

Às vezes, sou muito rápida para falar. Ajuda-me a ser mais rápida para ouvir do que fazer minha voz ser ouvida. Ensina-me o que dizer e quando dizer. Ensina-me por que motivo orar e quando orar. Não falarei nem agirei sobre um assunto até que eu receba tua sabedoria.

Perceba o que estou lhe dizendo através das coisas naturais

Falarei com você através das coisas naturais ao seu redor — as pessoas, os lugares, as coisas e as circunstâncias. Mas tenha cuidado em não ver todas as mudanças como uma instrução profética. À medida que tem comunhão comigo, aprenderá a discernir o que estou lhe dizendo através das pessoas, dos lugares e das circunstâncias — e saber também quando algo está tentando desviá-la do meu coração. Creia em mim: quando eu falar, você saberá. Quando não tiver certeza, pergunte-me. Não estou tentando esconder a verdade de você, mas sim revelá-la.

Provérbios 2:1-5; João 10:27; 1Reis 19; 11-12

Oração

Caminhar contigo significa caminhar em equilíbrio. Ensina-me a reconhecer tua voz até nas coisas naturais, mas guarda meu coração de fazer suposições ou presunções sobre tua vontade enquanto atravesso a vida diária. Mostra-me a verdade.

12 de junho

NÃO SIGA EM FRENTE SEM MINHA SABEDORIA

A SABEDORIA CLAMA EM voz alta nas ruas. Ela não está escondida nas sombras, mas está no meio do seu caminho para conduzi-la em paz. Vá mais devagar. Você não tem que responder agora. Não aja até que ouça a sabedoria clamar. Ignore todas as outras vozes falando em sua situação e fique a sós comigo.

Clame pela sabedoria, e a sabedoria clamará por você. Clame por entendimento, e você receberá a clareza. Não siga em frente sem minha sabedoria. Anseio compartilhá-la com você! Você saberá quando a tem porque ela traz a paz.

PROVÉRBIOS 1:20; TIAGO 1:5; TIAGO 3:17

ORAÇÃO

Estou clamando por ti agora por sabedoria e entendimento. Estou faminta pela tua paz. Preciso da tua instrução em todos os meus caminhos. Obrigada por tua fidelidade para me conduzires e guiares em toda a verdade, um passo de cada vez.

Dê mais espaço para a minha presença

Como eu estava com Jesus, assim estou com você. Estou disponível a você. Você tem acesso ao meu poder. Pode extrair do meu conselho. Intercederei por ti. Mostrarei as coisas que virão. Revelarei o coração do Pai. Defenderei você. Ungirei você para fazer tudo o que Jesus a tem chamado para fazer.

Estou sempre aqui por você. A escolha de receber todas as minhas bênçãos é sua. O que irá remover para dar mais espaço para minha presença em sua vida? Juntos, podemos exaltar Jesus nesta geração. Você está disposta?

João 16:13; 1João 2:17; Gálatas 5:24

Oração

Jamais tive um amigo como tu. Tu és muito comprometido comigo. Eu te amo mais do que as palavras podem expressar. Ajuda-me a te amar mais. Ajuda-me a colocar de lado as atividades que não estão gerando frutos para o teu Reino, assim eu posso avançar ainda mais rumo à tua vontade.

Você não pode ver o futuro se estiver olhando para trás

O QUE ACONTECEU NO passado é passado. Não existe mais, exceto em sua memória. Dói meu coração ver você meditar nas coisas do passado que lhe causaram dor. Tenho um futuro cheio de esperança para você. Mas não pode vê-lo enquanto estiver olhando para trás. Você irá tropeçar no seu passado e atrasar as bênçãos que o Pai tem planejado para o seu futuro se não se desprender disso. Então, perdoe e olhe para o alto agora, pois o Pai prometeu defender aqueles que confiam e esperam nele. E ele fará isso.

Jeremias 29:11; Isaías 43:18; Romanos 12:19

Oração

Mostra-me em que estou me agarrando que eu preciso me desprender e escolherei este dia para me desprender, perdoar e recusar olhar para trás novamente. Com tua ajuda, não irei mais trazer de volta as lembranças ruins. Caminharei livre à próxima fase do teu plano para minha vida.

Estou com você mesmo quando não sente minha presença

Sei que você ama minha presença, que ama ter uma consciência da minha presença. Por favor, lembre-se que estou com você mesmo quando não sente minha presença. Nunca a deixarei, estou sempre com você.

Se quer sentir mais a minha presença, fale comigo. Comece compartilhando seu coração comigo. Comece pedindo meu conselho. Comece agradecendo pelo que estou fazendo em sua vida.

Quando seu coração se unir ao meu coração com sinceridade e fé simples, saberá que eu habito em você mesmo que não sinta minha presença de imediato. Saiba que eu estou com você.

João 14:16; 2Coríntios 13:14; Judas 1:20

Oração

Sim, eu amo sentir tua presença, mas eu te agradeço por eu estar vivendo não por sentimentos, mas pela fé na Palavra de Deus. Obrigada por me ensinares a como me envolver com teu coração. Obrigada por estares disposto a ficar do meu lado nos bons e nos maus momentos.

16 de junho

NÃO SE ESFORCE ALÉM DA MINHA GRAÇA

O PAI NÃO PERMITIRÁ vir mais sobre você além do que possa suportar. Você é aquela que aceita mais do que pode lidar de vez em quando. O Pai não irá chamá-la para fazer mais do que ele oferece a graça de realizar.

Quando se sentir esgotada e oprimida, você se esforçou além da minha graça. Estou chamando-a agora para o lugar e a graça que eu preparei para você. Lembre-se, o jugo de Jesus é suave e o seu fardo é leve. Quando se sentir pesada e sentir as trevas invadindo, volte para o lugar e a graça que eu preparei para você.

1CORÍNTIOS 10:13; 2CORÍNTIOS 12:9; MATEUS 11:30

ORAÇÃO

Tuas palavras de vida são verdadeiras. Ajuda-me a lembrar delas quando sou tentada a carregar mais do que posso suportar — quando minhas emoções me tentam a correr para algo que tu não me chamaste para fazer. Ajuda-me a caminhar em tua graça e não além dela.

Amor, por amor ao amor

Deixe você mesma ir. Perca-se em mim. Você se encontrará em meu amor. O amor é a verdadeira medida de qualquer homem, de qualquer mulher. Não meço o sucesso por quanto dinheiro você ganha, ou por quantas pessoas você impacta, ou por quanto você doa em missões. No final, Jesus julgará sua vida nesta terra pelo seu amor pelas pessoas. Qualquer coisa que não for motivada pelo amor será inútil naquele Dia. Deixe-me ensiná-la a amar mais. Deixe-me ensiná-la a agir em amor por causa do amor, buscando nada em troca. Amando dessa forma, você se tornará como o seu belo Salvador.

João 13:34-35; Gálatas 5:22-23; Romanos 12:9-10

Oração

Sim, ensina-me a amar. Sei que não alcanço o perfeito amor em meus relacionamentos com os outros. Arrependo-me agora pelas vezes que errei ao caminhar em amor. Derrama teu amor em meu coração mais uma vez e ensina-me a amar.

O DESEJO DO SEU CORAÇÃO É RECEBER AMOR

O DESEJO MAIS PROFUNDO do seu coração não é realmente por mais dinheiro, mais *status* ou mais reconhecimento. O desejo mais profundo do seu coração é realmente receber nosso amor e devolver esse amor para nós. Quando você verdadeiramente reconhece isso como o seu desejo mais profundo e o busca com tudo que há em você, então a nossa paz irá surpreendê-la. A nossa alegria irá fortalecê-la. Nosso amor irá motivá-la a renunciar sua vida pelas pessoas ao seu redor. Você não ficará preocupada com o dinheiro, o *status* ou o reconhecimento — embora eles possam surgir. Você ficará satisfeita em Cristo. Esta é a vontade do Pai para você.

João 15:13; 1João 4:11; 1João 3:16-18

ORAÇÃO

Ajuda-me a receber amor. Aumenta a capacidade do meu coração de beber em teu amor. Livra meu coração de tudo que fica no meio do caminho de receber o teu amor, assim eu terei muito dele para dar às pessoas que colocares em meu caminho.

Encontre-me no lugar secreto

Você me encontrará no lugar secreto? É simplesmente debaixo da sombra de minhas asas. Ali você encontrará a sua fortaleza, sua torre forte. É um lugar seguro onde você estará abrigada da batalha que tenta distraí-la das batidas do meu coração e das palavras que falo para você. Você me encontrará neste lugar de descanso? Estou esperando você lá, para compartilhar sabedoria e revelação no conhecimento de Jesus. Apenas feche os seus olhos e me peça para levá-la agora, onde eu estou você estará. Eu estou esperando...

Salmos 91; Salmos 90:1; Salmos 61:3

Oração

Tu és a minha torre forte. Tu és minha fortaleza. Tu és a minha morada. Tu és minha proteção do inimigo. Atrai-me à tua presença — atrai-me para mais perto do teu coração —, e eu inclinarei meus ouvidos para ouvir as palavras de vida que irão me fortalecer.

20 de junho

O TEU ESPÍRITO PERSEVERANTE EMOCIONA O MEU CORAÇÃO

UMA DAS COISAS que mais valorizo em você é sua perseverança. Algumas pessoas desistem antes mesmo de começarem — e você teve muitos motivos para desistir. O inimigo colocou muitos obstáculos em seu caminho. O homem colocou pedras de tropeço em seu caminho. Mas mesmo quando você cai — mesmo quando a vida a derruba — você não fica no chão. Pois ainda que o justo caia sete vezes, tornará a erguer-se. Eu me alegro porque você sempre se ergue novamente. Amo isso em você.

TIAGO 1:12,2; 2TIMÓTEO 2:12; HEBREUS 10:36

ORAÇÃO

Tu me deste a capacidade de resistir, de perseverar e de avançar. Obrigada pela força de me manteres seguindo em frente em tua vontade em meio à oposição, aos erros, ao pecado e ao cansaço. Eu me alegro em ti!

Aproxime-se de mim

Quero compartilhar os segredos do Pai com você. Irá se aproximar? Quando aprendeu sobre a voz mansa e delicada que falou com Elias, foi-lhe oferecido um princípio de se comunicar comigo que poucos entendem: aquietar-se e saber que Jesus é o Senhor.

Acalme sua mente. Aproxime-se de mim, e eu me aproximarei de você. Quanto mais se aproximar de mim, mais fácil será deixar as distrações para trás, aquietar sua alma e me ouvir sussurrar os segredos do Pai em seu coração. Vai se encontrar comigo agora?

Salmos 25:14; Salmos 91:1; Tiago 4:8

→ Oração ←

Obrigada por me convidares a me encontrar contigo. Eu aceito! Colocarei de lado as distrações, aquietarei minha alma e esperarei em ti. Ensina-me a ficar calma — totalmente calma —, assim eu posso ouvir os segredos do Pai de ti.

22 de junho

Lembre-se da alegria da sua salvação

Lembra quando eu lhe revelei o Cordeiro de Deus que tira o pecado do mundo? Lembra quando eu lhe mostrei a verdade sobre seu Redentor, Rei e Noivo? Lembra quando recebeu Jesus como seu Senhor e Salvador? Agora, lembre-se da alegria que sentiu — a alegria da sua salvação. Essa alegria é a alegria do Senhor. Essa alegria é sua força. Não deixe isso passar! Ela irá sustentá-la quando enfrentar uma batalha espiritual.

Salmos 51:12; Neemias 8:10; Isaías 12:2-3

Oração

Escolho este dia para entrar na alegria da minha salvação — uma alegria gloriosa que preenche meu coração com um desejo de agradar a ti com todas as ações que eu fizer, uma alegria que me fortalece. Ajuda-me a aceitar essa alegria mais uma vez à medida que penso em meu primeiro amor.

Eu tenho toda a sua atenção?

Você tem toda a minha atenção e não existe algo bom que não a ajudarei a fazer. Não existe uma causa justa que coloquei em seu coração que não a ajudarei a buscar. Não existe uma verdade à qual não irei guiá-la. Tudo o que preciso é de toda sua atenção.

Quero lhe mostrar o bom plano do Pai para a próxima fase, assim juntos podemos fazer sua vontade perfeita se cumprir em sua vida. Quero ajudá-la a discernir as causas justas das obras carnais dos homens. Quero falar as verdades doadoras de vida ao seu coração. Você tem toda a minha atenção. Eu tenho a sua?

Hebreus 13:6; Hebreus 12:2; Malaquias 3:18

Oração

Sinto muito pelos momentos que tu tiveste de competir com as coisas do mundo pela minha atenção e coloco meu coração para se concentrar somente em ti quando me chamas. Anseio pela intimidade contigo. Tu tens toda a minha atenção.

24 de junho

Rejeite as formas de medo e de dúvida

Eu vejo que o medo de vez em quando a distrai dos melhores planos do Pai para você. Nós lhe dissemos várias vezes para não ter medo, ainda que, às vezes, você persista em dar ouvidos às vozes aterrorizantes que procuram desviá-la do seu chamado mais alto. Eu entendo. Eu vejo o seu coração, e eu ouço os pensamentos aterrorizantes — os pensamentos de dúvida — que bombardeiam a sua mente. Mas eu não posso fazer nada para impedi-los.

Jesus lhe deu sua autoridade, e a sua vontade dita o que você escolhe pensar. Então pense no nosso amor por você, e quando ouvir aquelas vozes aterrorizantes, rejeite-as e aceite o nosso amor.

Romanos 8:38-39; Filipenses 4:8; 2Coríntios 10:5

Oração

Eu me arrependo por prestar atenção nas vozes do medo e da dúvida. Ajuda-me a dizer às forças sutis que me tentam desviar do teu caminho perfeito. Comprometo-me a meditar e caminhar em tua verdade, assim eu serei livre das influências do medo e da dúvida.

Estou falando com você mais vezes do que imagina

VOCÊ ESTÁ OUVINDO? Ouvindo mesmo? Estou falando com você mais vezes do que você imagina. Aquelas impressões fracas, aqueles conhecimentos profundos, aqueles momentos que a Escritura parece pular da página, aqueles pequenos detalhes da natureza que prendem a sua atenção. Estou falando com você e através de muitas coisas.

Espero que venha a responder ao meu coração. Eu desejo um diálogo santo com você. Comece a prestar atenção. Comece a ouvir. Comece a esperar. Comece a observar. Comece a discernir. Logo, você se tornará mais sensível às minhas formas de comunicação.

JOÃO 10:10; JEREMIAS 33:3; ROMANOS 8:14

Oração

Embora eu nem sempre ouça a tua voz, sei que estás falando comigo, conduzindo-me mais vezes do que percebo. Eu quero ouvir — realmente ouvir — a tua voz mansa e delicada. Quero me unir num diálogo santo contigo. Por favor, ajuda-me.

26 de junho

Que o amor motive suas palavras e ações

TENHA UMA VISÃO da eternidade — e aja de acordo com essa visão eterna —, e ela mudará sua vida para sempre. As palavras que você fala e as ações que você pratica agora têm o potencial de lhe trazer recompensas eternas. Então, tenha o cuidado de não falar palavras fúteis. Fale palavras que irão edificar, confortar e exortar seus irmãos e irmãs em Cristo.

Use suas palavras e ações para compartilhar o amor de Cristo com os perdidos ao seu redor. Tudo o que não é fé é pecado, mas tudo que é motivado pelo amor tem um impacto eterno. Tenha uma visão eterna, que o amor de Deus a constranja.

Hebreus 13:14; Colossenses 3:2; 1Pedro 1:3-4

Oração

Ajuda-me a ver as coisas de uma perspectiva celestial — e dá-me a revelação e entendimento acerca dos impactos externos das minhas decisões. Incentiva meu coração a compartilhar o amor de Cristo. Ajuda-me a ter pensamentos de amor, falar palavras de amor e caminhar em amor.

Guarde seu coração contra a decepção

NÃO JULGUEM E vocês não serão julgados. Mas saibam quem trabalha no meio de vocês. Examinem os espíritos para ver se eles procedem de Deus. Use o discernimento que eu lhe dei. Aguce sua percepção espiritual ao ser um aluno da Palavra, pois aparecerão falsos profetas que realizarão grandes sinais e maravilhas para, se possível, enganar até os eleitos. Olhe para Jesus e você será rápida para reconhecer os falsos trabalhadores, os falsos evangelhos e as falsas doutrinas. Guarde seu coração e saiba que Jesus em breve está vindo. Vigie e ore.

MATEUS 7:1-7; 1TESSALONICENSES 5:12;
LUCAS 21:36

Oração

Ajuda-me a guardar meu coração. Não quero ser enganada pela maldade que está aumentando nesta geração. Ajuda-me a manter os meus olhos concentrados firmes em Cristo e esconder tua Palavra para que eu venha a discernir a diferença entre a verdade e o erro.

28 de junho

LIBERE O PODER DA MINHA ALIANÇA COM VOCÊ

QUANDO VOCÊ DISSE sim para Jesus, quando você o recebeu como seu Senhor e Salvador, você entrou em um relacionamento de aliança que não entendeu. Ainda não entende a profundidade da nossa aliança eterna com você. Jamais iremos quebrá-la, mas você não pode receber a plenitude do que ela oferece até que a entenda totalmente. Abra as Escrituras e estude sobre essa aliança. À medida que você estudar, eu derramarei o entendimento e a revelação que vai liberar as bênçãos.

SALMOS 105:8, HEBREUS 6:17-18; MATEUS 26:18

ORAÇÃO

Obrigada por tua aliança comigo. Tu não és destruidor de aliança, mas um mantenedor de aliança. Por favor, dá-me mais acerca da aliança sagrada que nós adentramos. Dá-me a revelação acerca do contrato santo que nos une.

Coloque-me em primeiro lugar na sua vida

Quando você escolhe a adoração acima do entretenimento, quando escolhe as Escrituras acima de um livro de ficção, quando escolhe a oração acima de bater papo com os amigos, isso comove meu coração. Isso realmente comove meu coração. Quando você busca em primeiro lugar o Reino de Deus, encontrará o Reino de Deus e seu Pai que se assenta no trono. Encontrará o Rei dos reis e o Senhor dos senhores.

Não busque um encontro sobrenatural. Busque o Reino e você encontrará o sobrenatural. Escolha adorar. Escolha as Escrituras. Escolha orar. Escolha a nós, pois nós a escolhemos.

Mateus 6:33; Deuteronômio 4:29;
1Coríntios 13:11

Oração

Eu sinto que estás me chamando para colocar de lado as coisas imaturas e entrar em um novo nível da tua glória. Digo sim ao teu coração. Digo sim para tua vontade e sim para os teus caminhos. Digo sim para a adoração e a oração. Digo sim para a vida sobrenatural que queres que eu viva.

30 de junho

Busque o meu equilíbrio em sua vida

Busque o meu equilíbrio em todas as coisas. Quando vejo que você se desequilibra em qualquer área, isso me aflige, porque sei que o inimigo está procurando por uma oportunidade para atacar.

Caminhar na Palavra — ser uma praticante da Palavra — significa colocar limites. Eu sou sua rede de segurança. Eu sempre irei ampará-la. Quando clamar a mim, eu a livrarei da cilada do inimigo.

Mas seria muito melhor ouvir você intercedendo por outra pessoa do que implorando por ajuda das consequências de um estilo de vida desequilibrado. Então busque o equilíbrio em todas as coisas, isso evitará muitos problemas. Você pode fechar uma porta aberta ao inimigo com uma vida equilibrada.

1Pedro 5:8; Tiago 1:22; Marcos 6:31

Oração

Estou sendo atraída em muitas direções! Ajuda-me a encontrar o equilíbrio entre servir e adorar, trabalhar e descansar, entre fazer e ser. Mostre-me as mudanças que preciso fazer em minha vida para fechar a porta para o inimigo.

Julho

"Ora, as obras da carne são manifestas: imoralidade sexual, impureza e libertinagem; idolatria e feitiçaria; ódio, discórdia, ciúmes, ira, egoísmo, dissensões, facções e inveja; embriaguez, orgias e coisas semelhantes. Eu os advirto, como antes já os adverti, que os que praticam essas coisas não herdarão o Reino de Deus. Mas o fruto do Espírito é amor, alegria, paz, paciência, amabilidade, bondade, fidelidade, mansidão e domínio próprio. Contra essas coisas não há lei."

— Gálatas 5:19-23

Aprenda a esperar pacientemente

Eu sei que a paciência nunca foi o seu ponto forte. Sei que não é divertido esperar pela ação do Pai quando pode ver claramente o caminho que ele ordenou para você. Nossa paciência pode servir como proteção — uma arma na guerra. A paciência vai incentivá-la a não sair da minha direção mesmo quando você pode ver claramente o próximo passo. Eu vejo mais do que o próximo passo e o objetivo final. Eu vejo os obstáculos no meio que frustrarão seu progresso se você não estiver preparada espiritualmente para vencê-los. Então, seja paciente. Confie em mim. Nós vamos chegar lá.

Romanos 12:12; Romanos 8:25; Salmos 37:7-9

Oração

A paciência é um fruto do Espírito, então eu peço a ti para ajudar-me a manifestar esse fruto em minha vida. Ajuda-me a cultivá-lo no coração para que eu não seja perturbada pelo que vejo ou não vejo. Eu me comprometo a esperar em ti.

2 de julho

Receba e caminhe em meu amor

Você vale tudo para mim. Você é a minha preferida! O meu amor por você é maior do que você sabe. Quero ensiná-la como receber meu amor em uma medida maior. Quero derramar meu amor em seu coração mais e mais.

O amor por você me incentiva. Eu quero que o amor por mim a motive em tudo que você fizer. Eu estou nisso por você. Quero que você esteja nisso pelo amor a mim.

Quando você começar a olhar para as pessoas e situações através dos olhos do amor, então irá vê-los do modo que eu vejo. A sabedoria e a compaixão — e até os milagres — fluirão. Receba meu amor agora, e o derrame sobre os outros. O mundo precisa do meu amor.

Salmos 139:13-16; Efésios 2:4-9; Mateus 6:25-34

Oração

Estou impressionada pelo conhecimento do teu amor por mim. Eu sei que tu me amas. Porém, preciso de uma revelação maior do teu amor em meu coração. Ajuda-me a ver o mundo através das lentes do teu amor, assim eu posso caminhar no amor sobrenatural pelas pessoas.

Você está pronta para ir mais fundo em Deus?

Nos dias antigos, antes de Jesus vir à terra, o Pai exigiu diferentes sacrifícios, votos e ofertas do seu povo. Hoje, ele lhe pede para oferecer todo o seu coração a ele como um sacrifício vivo. Nos dias antigos, existiam sistemas rigorosos para se aproximar dele. Hoje, ele nos convida a nos aproximarmos do trono da graça com toda a confiança, a fim de recebermos misericórdia e encontrarmos graça que nos ajude no momento da necessidade. Nos dias antigos, a adoração tinha base na obediência e no medo. Hoje, o Pai quer que você o adore em espírito e em verdade, com um coração sincero, cheio de amor. Você está pronta para ir mais fundo?

Romanos 12:1; Hebreus 4:16; João 4:24

Oração

Sim, eu estou pronta para ir mais fundo, mas não posso fazer isso sem a tua ajuda. Ajuda-me a apresentar meu corpo ao Pai como um sacrifício vivo. Ajuda-me a me aproximar do seu trono da graça com toda a confiança. Ajuda-me a adorá-lo em espírito e em verdade. Eu estou pronta, mas eu preciso da tua ajuda.

4 de julho

Estamos nisto juntos

Estamos nisto juntos. Nós somos cooperadores. Jamais a deixarei sozinha na batalha para estabelecer a vontade de Deus na terra. Eu sempre irei guiá-la no melhor caminho possível, mesmo que isso signifique levá-la em uma longa jornada através do deserto; mesmo que isso signifique levá-la através da batalha espiritual; mesmo que isso signifique me esconder de você para que sinta como se não pudesse sentir minha presença ou ouvir minha voz. Estamos nisso juntos. Jamais pense algo diferente. Estou aqui para ficar. Você tem a minha palavra. Eu amo você.

1Coríntios 3:9; 2Coríntios 6:1; Hebreus 6:13-20

Oração

Obrigada por me teres digna para servir como uma embaixadora de Cristo, uma trabalhadora em teu Reino, e por me dares a força para andar no caminho que tu preparaste para mim apesar da resistência. Ajuda-me a caminhar em tua perfeita vontade.

Minha graça é suficiente

É doloroso ver você ficar frustrada pelas táticas do inimigo, pelas circunstâncias indesejáveis da vida e pelas pessoas que começam a provocá-la. É doloroso porque não pode receber minha graça para vencer e caminhar em amor quando permite que a frustração controle sua alma. Minha graça é suficiente para você. De fato, eu sou o Espírito da graça.

Minha graça está disponível para você, mas você tem que se posicionar para recebê-la. A frustração ergue um muro que a impede de receber minha graça. Então fique em paz e fale comigo acerca do que está a chateando. Vamos solucionar isso juntos.

2Coríntios 12:9; João 1:16; 2Timóteo 4:22

Oração

Obrigada pela tua graça e obrigada porque tu és suficiente para mim em todas as situações. Obrigada, pois o teu poder se aperfeiçoa na fraqueza. Ajuda-me a posicionar meu coração para receber tua graça abundante e rejeitar os sentimentos de frustração que abrem a porta para o inimigo.

BUSQUE MINHA OPINIÃO EM TODOS OS ASSUNTOS

SIM, EXISTE SABEDORIA quando há muitos conselheiros, mas tome cuidado para não se aproximar da sabedoria do mundo. Eu inspirei Davi para escrever essas palavras: "Como é feliz aquele que não segue o conselho dos ímpios." É certo buscar ajuda dos conselheiros sábios e piedosos, mas não é garantia que eles têm a minha opinião sobre o assunto.

Lembre-se disto: minha sabedoria é pura, pacífica, amável e compreensiva. Minha sabedoria é cheia de misericórdia e de bons frutos. Ela não é parcial e não há hipocrisia nela. Medite nessas verdades e rapidamente aprenderá a reconhecer minha sabedoria em todas as situações.

PROVÉRBIOS 15:22; SALMOS 1:1; TIAGO 3:17

ORAÇÃO

Não quero ouvir ou prestar atenção em qualquer sabedoria que não vem do teu coração. Cerca-me com conselheiros piedosos e dá-me um ouvido para ouvir tua voz em suas palavras. Fale a tua sabedoria diretamente ao meu coração, e eu andarei em teus caminhos.

Abra o seu coração para o Pai

Eu sei que muitas pessoas têm retratado o Pai como um monarca cruel e despótico. Ele é santo — perfeitamente santo — mas você não deve diminuir seu coração em sua humanidade. O inimigo tem mentido acerca do Pai há gerações porque ele não quer que as pessoas se aproximem dele. Ele é santo, mas ele também é misericordioso. Ele é por você, e não contra você. Ele deseja o relacionamento acima das regras religiosas.

O Pai a ama da mesma maneira que ele ama Jesus. Pense nisso! Embora não seja ainda perfeita, você é perfeitamente amada. Então, não tenha medo, mas abra seu coração completamente para o seu Pai no céu que ama você. Quando você o vir do modo que ele realmente é, sua alma terá conforto em sua grande misericórdia e amor.

Lucas 6:36; Romanos 8:31; Romanos 5:8

Oração

Ajuda-me a ser santa assim como meu Pai no céu é santo. Eu quero vê-lo como ele é porque ele me vê como eu sou. Eu quero amá-lo da forma que Jesus o ama porque ele me ama do modo que ama Jesus. Obrigada por teu grande amor e misericórdia por mim.

Abençoe os que a amaldiçoam

Quando as pessoas a perseguirem por causa de Jesus, transforme a raiva que você sente em poder de oração. Em vez de se preocupar com as palavras negativas que elas estão falando contra você, quebre as palavras de maldição pela autoridade do teu Rei e comece a orar.

Comece a orar pelos seus perseguidores.

Abençoe quem a amaldiçoa. Abençoe, e não amaldiçoe. Mova-se na direção oposta ao espírito que está se movendo contra você. Então, será verdadeiramente parecida com Cristo. Você manifestará seu amor pelos seus inimigos, e sua oração fervorosa pode libertá-los.

Mateus 5:44; Lucas 6:28; Romanos 12:20

Oração

Eu quero ser como Cristo, mesmo quando as pessoas falarem palavras sujas a meu respeito e para mim. Quero ser como meu Pai no céu, retribuindo o mal com o bem várias vezes. Ajuda-me a mostrar teu amor para as pessoas que não estão mostrando o teu amor por mim.

As pessoas não são suas inimigas

Você precisa se lembrar sempre disso: você não está lutando contra a carne e o sangue. As pessoas ao seu redor que estão tornado sua vida difícil ou falando por trás de você não são suas inimigas. Não, muitas vezes, existem forças invisíveis que as estão influenciando. Muitas vezes, elas estão exprimindo as mágoas e feridas do passado ou as inseguranças do presente. Muitas vezes, elas estão dando espaço para o plano do inimigo e seguindo os desejos da natureza carnal.

Você não está batalhando contra a carne e o sangue, mas contra principados, potestades e as forças espirituais do mal nas regiões celestiais, contra os dominadores deste mundo de trevas. Levante-se na batalha por Cristo.

Efésios 6:12, Lucas 8:27-30; 1Pedro 3:9

Oração

Ajuda-me a ver do modo que tu vês. Mostra-me porque as pessoas estão partindo para o ataque contra mim ou contra os outros para que eu possa ser uma agente de cura e pacificação. Ajuda-me a guardar minha língua e a tratar os outros do jeito que eu quero ser tratada, mesmo quando eles são cruéis comigo.

10 de julho

Você deve reconhecer o inimigo

Você não pode amarrar o homem forte que não vê. Não pode amarrar um demônio que não é capaz de discernir. Não pode vencer uma batalha contra o inimigo com que você não está envolvida. Às vezes, acha que conhece que a missão do inimigo contra está baseada nas experiências passadas, e, às vezes, você tem razão. Mas a dedução baseada na experiência é diferente do discernimento que você recebe de mim.

Você tem uma posição de vitória na batalha através de Cristo, mas precisa de discernimento para cumprir meus planos de batalha. Pare e me pergunte e eu revelarei o inimigo que está vindo contra você e lhe darei a estratégia para reagir ao ataque.

Marcos 3:27; Mateus 16:19, 1Coríntios 12:7-10

Oração

Ajuda-me a me mover em discernimento e não em suposições, hipóteses ou deduções. Eu preciso da tua revelação para saber verdadeiramente contra o que eu sou e o que é contra mim. Aguça meu discernimento para que eu seja capaz de amarrar o homem forte.

Você pode vencer as distrações da vida

SEMPRE EXISTIRÁ DISTRAÇÕES ao seu redor. Você não pode se livrar de todas as distrações nesta vida. A única maneira de vencê-las é recusar dar-lhe seus olhos, seus ouvidos, sua boca e sua mente. Ou seja, pare de pensar nelas! Pare de ouvir. Pare de olhar. Pare de falar nelas. Há um poder tremendo na vida concentrada de forma especial em Jesus e em sua vontade — um poder tremendo. A decisão é sua.

PROVÉRBIOS 20:12; SALMOS 119:15; PROVÉRBIOS 5:1

Oração

As distrações se levantam contra mim todos os dias, mas eu me recuso a continuar a dar-lhes meus olhos, meus ouvidos ou minha boca. Aju-da-me a pensar de acordo com a mente de Cristo; então, elas tampouco entrarão em minha mente. Coloca guarda em minha boca e faz-me falar de acordo com o que tu me ensinaste.

12 de julho

Estou aqui quando precisa de mim

As pessoas — tanto os amigos quanto os inimigos — virão e irão embora. Mas eu ficarei com você. Quando os amigos se vão, eu estou com você. Quando os inimigos se levantam e atacam, eu estou com você. Quando sentir que tudo está perdido, como se ninguém compreendesse, eu estarei com você. Quando parecer que todo o mundo está desabando sobre você, eu garanto que estarei com você. Jesus me enviou para habitar em você. Estou aqui quando precisar de mim. Sempre estou bem aqui.

Josué 1:9; 1Coríntios 3:16; Salmos 139:10

Oração

Sou tão grata por habitares em mim e eu habitar em ti! Estou tão agradecida porque nunca me deixarás, nunca me abandonarás! Tu habitas em meu coração através da fé; então, não preciso ter medo ou ficar desanimada. Dá-me uma revelação maior da tua presença em minha vida.

Peça, e receberá

Você não tem as coisas porque não pede. Quando você pede com as motivações puras por aquilo que o Pai já deseja dar-lhe, você receberá o que pediu. Quando segue minha direção — quando pede o que solicito seu coração pedir — você terá o que pediu. É simples assim. Se não está fazendo seus pedidos conhecidos — se não está pedindo —, não receberá tudo o que nós temos para você.

Às vezes, você também não pede porque acha que não pode receber ou porque tem medo que não receberá. Mude a forma que você pensa. Peça aquilo que você crê que seja a vontade do Pai. Siga minha direção. Você verá as respostas de oração começarem a fluir à medida que seguir minha direção.

Tiago 4:3; Filipenses 4:6; 1João 5:14

Oração

Obrigada por me incentivares a pedir. Pedirei com confiança, sabendo que se eu pedir qualquer coisa de acordo com tua vontade, tu ouvirás e me atenderás. Ajuda-me a me agarrar em tuas promessas, mesmo quando eu não vejo uma reposta imediata.

14 de julho

Concentre-se na solução, não no obstáculo

QUANDO ENFRENTAR UM obstáculo de qualquer tipo, você tem duas escolhas: concentrar-se no obstáculo e ficar desanimada em quem você crê que a colocou ali, ou concentrar-se na solução e naquele que tem a sabedoria para ajudá-la a vencer o obstáculo. Sempre existirão obstáculos, e se você se concentrar muito neles, ficará desanimada. Veja os obstáculos — mas então volte-se para aquele que tem a sabedoria e a estratégia que irá conduzi-la em vitória. Só você controla em que se concentra.

MATEUS 17:20; ISAÍAS 57:14; JOÃO 16:33

Oração

Escolho este dia para ver os obstáculos em meu caminho, mas não permitir que eles me desanimem de seguir em frente em tua vontade. Não meditarei nos obstáculos e desafios, meditarei em Jesus, o Autor e Consumador da minha fé.

Eu estou transformando você

Sei que você vê em parte e conhece em parte onde eu quero levá-la, e sabe que isso é bom. Você quer chegar naquele lugar em Cristo agora. Quer ser mais como ele — agora. Mas tenha certeza, saiba e creia que eu estou lhe transformando de glória em glória. Tenha paciência com você mesma e com o processo. Somos pacientes com você.

Estou lhe transformando à imagem de Cristo aos poucos. Seu trabalho é passar tempo comigo, gastar tempo com a Palavra — e crer. Somente crer. Você não pode mudar sozinha, mas tenha certeza, saiba e creia: eu estou fazendo isso.

1Corintios 13:9; 2Coríntios 3:18; Romanos 8:29

Oração

Eu tentei e fracassei em mudar a mim mesma. Não posso fazer isso. Agora escolho me render à tua obra em minha vida. Tu és muito paciente e bondoso. Rendo meu coração a ti e te peço para me levares de glória em glória enquanto tenho comunhão contigo e medito em tua Palavra.

Quero ensiná-la sobe meu amor

Quero ensiná-la sobe meu amor. Quero que saiba a profundidade do meu amor, para ver a extensão do meu amor, vivenciar o peso do meu amor, e caminhar na amplitude do meu amor. Quero que aprenda a amar aos outros do modo que você me ama. Você deixará que eu a ensine?

Tudo começa com o aprendizado para receber meu amor, e isso significa arrancar pela raiz as mentalidades religiosas sobre quem o Pai é, quem Jesus é e quem eu sou. Eu sou amor. No fim dos tempos, o amor é o que medirá o seu coração. O amor jamais falha.

Efésios 3:14-19; 1Corintios 13:14-8; Lucas 10:27

Oração

Quero ir contigo nesta jornada de amor. Quero mover mais fundo em teu amor. Leva-me onde tu queres que eu vá, para que eu seja capaz de não só receber o que tu tens para mim, mas também mostrar aos outros o caminho ao teu coração. Ensina-me a te amar e amar os outros como tu amas.

Recuse a aceitar a pressão que vem do mundo

A pressão que você geralmente sente em sua caminhada diária não vem de nós. O mundo irá pressioná-la. O mundo irá culpá-la. O mundo irá forçá-la ao seu ponto de ruptura. O mundo violará seus limites. O mundo lhe usará e lhe abusará — se você permitir. Pois o jugo de Jesus é suave e seu fardo é leve.

Eu a guiarei para preferir as outras pessoas. Eu a guiarei para negar seu ego. Eu a guiarei para amar. Eu a guiarei para pegar sua cruz e seguir a Cristo. Mas eu não irei pressioná-la, condená-la, culpá-la, ou envergonhá-la como o mundo faz. Busque agradar ao Pai e não receba a pressão dos homens ou dos demônios. Siga-me.

1João 5:19; 1Coríntios 2:12;
1Tessalonicenses 4:1-2

Oração

Recuso a pressão, a culpa e o estresse que o mundo traz. Não me curvarei ao espírito deste mundo que não oferece nada de bom. Curvarei-me ao Espírito de Deus. Ajuda-me a resistir ao Diabo e te seguir em todos os meus caminhos.

Esteja pronta para ouvir, tardia para falar e tardia para irar-se

Por que acha que eu a alertei para estar pronta para ouvir, tardia para falar e tardia para irar-se? Porque ao estar pronta para ouvir, você permanece ensinável. Você também dá para si mesma mais oportunidade para discernir o espírito por detrás das palavras que ouve. Ao ser tardia para falar, você evita dizer alguma coisa precipitada ou usar as palavras que não possuem minha sabedoria. Ao ser tardia para irar-se, você evita os argumentos tolos sobre as questões insignificantes. Tenha tempo para ouvir de verdade e tenha tempo para responder. Não deixe que o inimigo a provoque.

Tiago 1:19 Provérbios 15:31; Provérbios 1:5;

Oração

Comprometo-me a ser tardia para falar e pronta para ouvir. Ajuda-me a discernir o espírito por detrás das palavras que são faladas em meus ouvidos para que eu não caia na armadilha do inimigo. Espírito Santo, dá-me ouvidos para ouvir o que tu estás dizendo em todos os momentos.

As suas palavras têm poder

Se você verdadeiramente entendesse o poder das suas palavras, falaria de modo diferente. O Pai falou e trouxe coisas à existência, e você pode fazer o mesmo. Pode formar o mundo com as palavras da sua boca.

O poder da vida e da morte estão em sua língua. Eu sei que ouviu isso muitas, muitas vezes antes, mas você realmente escutou? Eu quero que receba a revelação e o entendimento sobre este princípio transformador de vida. É uma verdade discernida espiritualmente. Quer essa revelação? Eu estou aqui para mostrar para você.

Provérbios 18:21; Mateus 12:36-37;
Provérbios 13:3; 1Pedro 3:10;

Oração

Li muitas vezes sobre o poder das palavras, ainda assim, eu erro ao medir as minhas. Coloque uma brasa em meus lábios assim como tu colocaste nos lábios de Isaías. Ensina-me a falar alinhada com tua verdade. Coloca guarda em minha boca. Dá-me a revelação no poder das palavras.

20 de julho

Avalie o que você está pensando

Às vezes, você não é rápida o bastante para captar seus pensamentos — aqueles argumentos inúteis que se exaltam contra o conhecimento de Cristo. Às vezes, não os discerne nem os destrói depressa. Às vezes, você medita neles sem perceber. De vez em quando, você cai nessa armadilha demoníaca.

Mas considere suas emoções. Elas são influenciadas pelos seus pensamentos. Então, quando você acha que suas emoções estão desalinhadas da paz, da alegria e do amor, pare e avalie seus pensamentos. Então, humilhe os ofensores e substitua-os com a verdade.

2Coríntios 10:15; Gálatas 5:22-23;
Hebreus 10:23;

Oração

Ajuda-me a manifestar o fruto do autocontrole quando minhas emoções tentam me tirar do espírito e me colocar na carne. Dá-me os ouvidos espirituais para ouvir os pensamentos que o inimigo fala e dá-me a ousadia para me levantar com a espada do Espírito.

Viva com a eternidade em mente

Você está pronta para a volta de Jesus? Está pronta para a sua Segunda Vinda? Está vivendo todos os dias como se ele pudesse voltar a qualquer momento? Eu sei as respostas para essas perguntas. Quero que você sonde sua alma e onde você está na luz da eternidade. A sua salvação é garantida, mas a eternidade é mais do que a sua salvação. Sua obediência para completar sua missão dada por Deus nesta geração vai impactar as recompensas que receberá no tempo vindouro. Nunca é muito tarde para ser mais obediente. Viva sua vida com a eternidade em mente.

Lucas 18:8; Mateus 24:43-44; Mateus 25:21;

Oração

Dá-me a graça da obediência. Dá-me um olho atento. Dá-me uma perspectiva eterna. Dá-me a diligência de vigiar e orar porque quando Jesus voltar, quero ser declarada uma serva boa e fiel.

22 de julho

SIMPLESMENTE RENDA-SE

Eu sei que, de vez em quando, você sente vontade de desistir. Mas não desista. Não, não desista. Pelo contrário, renda-se. Não se prostre à pressão do inimigo para desistir. Renda-se totalmente — com tudo o que você é e com tudo o que você tem — à vontade do Pai. Renda-se ao seu perfeito plano. Renda-se à sua Palavra. Renda-se aos seus caminhos. Simplesmente renda-se.

Diga agora: "Eu me rendo." Render-se traz a liberdade e a liberta da tentação de abrir mão e desistir. Entregue-se ao Pai com todo o seu coração e não olhe para trás.

MATEUS 16:24,27; ROMANOS 12:1; LUCAS 9:57-62;

ORAÇÃO

Eu me recuso a resistir e eu escolho me render. Deixa-me vivenciar a liberdade da rendição total à tua vontade. Ajuda-me a permanecer firme em minha rendição aos teus caminhos. Faz-me sempre disposta ao teu poder.

Venha comigo

Venha comigo. Deixe para trás as distrações e decepções até na rotina diária — só por um momento. Venha comigo. Separe-se por algumas horas. Quero falar com você. Quero tocar seu coração. Quero ouvi-la. Quero instruir-lhe. Quero revelar-lhe as coisas que virão. Quero fortalecê-la. Quero confortá-la. Quero lhe dar estratégias para vencer as distrações e frustrações. Venha comigo por um momento. Eu quero renová-la.

Salmos 23:3; Êxodo 15:2; Salmos 29:11;

Oração

Eu me dedico a ti. Lanço minhas ansiedades sobre ti. Eu me entrego a ti. Fale ao meu coração e renove minha alma. Ouve meus clamores e ensina-me o caminho que eu devo seguir. Transborda em mim e fortalece minha determinação de obedecer à tua direção.

Caminhe de mãos dadas comigo

Enquanto caminhamos de mãos dadas, sendo um só coração, saiba que eu jamais deixarei você. Jamais perderei meu controle sobre você. Você é minha. Mas, às vezes, escapa da minha mão. Às vezes, se desliga do meu coração. De vez em quando, passa na frente da minha direção e, às vezes, fica para trás quando estou tentando levá-la para um lugar novo. Mesmo assim, você está no meu coração e à minha vista. Eu estou esperando e observando e clamando. Então, quando se sentir como se eu não estivesse caminhando ao seu lado, olhe ao redor porque estou bem aqui. Eu não estou tão perto quanto gostaria de estar. Caminhe comigo.

Salmos 119:115; Miqueias 6:8; Gálatas 5:16;

Oração

Obrigada, pois tu és um amigo que é mais chegado que um irmão. Perdoa-me pelas vezes que eu passei na tua frente ou fiquei para trás e dá-me uma sensibilidade a ti que irá me ajudar a caminhar ao teu lado.

Espere mais de mim

Eu sei que, às vezes, você sente como se as pessoas esperassem muito de você — mais do que sente que pode dar, mais do que deve dar, mais do que está disposta a lhes dar. Eu sei que, às vezes, você sente como se as pessoas estivessem a puxando em milhões de direções diferentes sem nenhuma consideração aos seus limites. As pessoas sempre irão esperar mais do que você pode dar.

Quanto a você, pare de esperar muito das outras pessoas, e comece a esperar mais de mim. Quando você esperar, não será decepcionada. Eu lhe darei a graça de fazer tudo que eu lhe chamei para fazer.

Mateus 6:15; Isaías 30:18; 2Coríntios 8:9;

→ Oração ←

Aqueles que esperam em ti não ficarão decepcionados. Escolho este dia para confiar em ti pela graça que preciso para me levantar e lidar com tudo o que tu esperas que eu lide — e pela coragem de dizer não àquelas coisas que não me chamaste para fazer.

26 de julho

Tenha uma perspectiva celestial

Mantenha o pensamento nas coisas do alto e não nas coisas terrenas. Tudo na terra irá desaparecer. Todos os seus problemas, todos os seus medos e todas as suas "coisas" são apenas temporárias.

Você terá menos problemas com os seus problemas e vivenciará menos medo se mantiver uma perspectiva celestial. Mantenha uma perspectiva do Pai em suas provações e tribulações. Então, você terá a confiança e a paz que você precisa para atravessá-las mesmo quando vai rumo às suas recompensas eternas.

Colossenses 3:1-2; Isaías 40:4-8; 1Pedro 5:10;

Oração

A vida é cheia de distrações. Entretanto, escolho manter meu pensamento nas coisas do alto e não nas coisas terrenas. Ajuda-me a manter uma perspectiva celestial e a rejeitar os medos e preocupações que o mundo tenta trazer ao meu coração.

Eu posso ajudá-la a encontrar descanso

A obra do inimigo é cansar os justos. Eu vejo o seu cansaço. Eu vejo as suas preocupações. Mas eu também vejo a sua sede. Eu vejo sua fome por justiça. Jesus convidou todos aqueles que estão cansados e sobrecarregados para virem a ele, e ele prometeu dar descanso. Tome seu jugo sobre você e deixe que ele a ensine porque ele é manso e humilde de coração. Você encontrará descanso para a sua alma.

Eu posso mostrar como encontrar esse descanso para a sua alma. Posso ensiná-la sobre Jesus, o seu Príncipe da paz. O cansaço irá embora quando você ver Jesus como ele é e entender seu amor por você. Deixe-me mostrá-la.

Apocalipse 13:7; Mateus 11:28-30; Isaías 9:6;

Oração

Eu creio que podes me mostrar como encontrar descanso para minha alma. Ensina-me como vencer o espírito do cansaço que vem sobre mim. Ensina-me mais sobre o descanso que Cristo prometeu para mim. Mostra-me Jesus como ele é. E eu não me cansarei de fazer o bem.

28 de julho

Quero preenchê-la para transbordar

Quero preenchê-la com mais de mim. Você quer mais? Vai render-se a mim? Quero preenchê-la para transbordar, a fim de que venha a ser uma forte testemunha de que Jesus está vivo. Quero preenchê-la para transbordar, a fim de que meus dons sobrenaturais se manifestem através de você. Quero preenchê-la com mais de mim. Eu vejo sua sede e posso satisfazê-la. A sua parte é beber totalmente de mim. Receba minha plenitude e tudo que trago comigo.

Efésios 5:18; João 7:38; Atos 1:8;

Oração

Sim, eu quero mais de ti. Sim, eu me renderei a ti. Eu quero ser uma testemunha de Cristo nesta geração. Quero caminhar em teus dons sobrenaturais. Quero beber totalmente de ti. Enche-me de novo para que eu possa transbordar com teu amor.

À MEDIDA QUE DEPENDER DE MIM, VOCÊ CAMINHARÁ EM UMA UNÇÃO MAIOR

À MEDIDA QUE APRENDER a depender de mim mais de mim e menos de você, você caminhará numa unção maior porque eu derramarei minha graça em você para fazer todas as tarefas e enfrentar todos os desafios. Quando começar a depender mais e mais de mim e menos e menos das outras pessoas, receberá mais e mais sabedoria, revelação e entendimento diretamente do meu coração para o seu coração. Eu sou confiável. Você pode depender de mim. Deixe-me encontrar com você onde você está e suprir todas as suas necessidades.

JOÃO 3:30; 2CORÍNTIOS 12:9; ZACARIAS 4:6;

ORAÇÃO

Eu recuso depender do braço da carne — ou da sabedoria do homem. Não por força nem por violência, mas pelo teu Espírito que eu vencerei, permanecerei e prosperarei. Ajuda-me a resistir à tentação de liderar e de depender das minhas habilidades naturais em vez de depender de ti.

O MELHOR AINDA ESTÁ POR VIR

LEMBRE-SE O QUANTO nós lhe trouxemos longe. Lembre-se do quanto você mudou. Nós não a livramos de todas as tribulações? Não a mostramos a válvula de escape? Não a trouxemos crescimento através do sofrimento e daquelas coisas que você voluntariamente — e não tão voluntariamente — deixou para trás para nos seguir? Não lhe dissemos que as melhores coisas estavam à frente? Nós não tínhamos razão? E agora, eu lhe digo que o seu final será melhor do que o seu passado. Sim, o melhor ainda está por vir. Prepare-se.

2CORÍNTIOS 1:10; JOÃO 16:13; 1JOÃO 3:2;

ORAÇÃO

Obrigada por me transformares de glória em glória. Tu tens restaurado minha alma e renovado minha mente. Tu és fiel. Por favor, ajuda-me agora a me preparar para tudo o que tens planejado para mim. Ajuda-me a preparar o meu coração para te seguir.

Venha comigo ao lugar secreto

Eu irei me encontrar com você onde você está, se me permitir guiá-la para onde eu quero levá-la. Pois eu tenho um lugar em mente — um lugar em mim — onde eu desejo ter comunhão contigo de um modo mais profundo. É um lugar secreto, um lugar onde você não esteve antes. É um lugar de adoração onde nossos corações irão se unir com o seu de uma nova maneira. É um lugar onde você se esquecerá de todas aquelas coisas que a distraem do nosso amor e lembrará aquelas coisas que compartilhamos com você nos dias passados.

Já faz tempo. Eu a encontrarei onde você está. Você virá comigo?

Romanos 8:14; João 4:24; 2Coríntios 13:14;

Oração

Sim, eu irei a qualquer lugar contigo. Conduz-me e guia-me ao lugar secreto, ao lugar de adoração, ao lugar de intimidade contigo. Ajuda-me a unir meu coração para que isso venha me transformar para sempre. Eu estou pronta.

Agosto

"Agora já não há condenação para os que estão em Cristo Jesus, porque por meio de Cristo Jesus a lei do Espírito de vida me libertou da lei do pecado e da morte. Porque, aquilo que a lei fora incapaz de fazer por estar enfraquecida pela carne, Deus o fez, enviando seu próprio Filho, à semelhança do homem pecador, como oferta pelo pecado. E assim condenou o pecado na carne, a fim de que as justas exigências da lei fossem plenamente satisfeitas em nós, que não vivemos segundo a carne, mas segundo o Espírito. Quem vive segundo a carne tem a mente voltada para o que a carne deseja; mas quem, de acordo com o Espírito, tem a mente voltada para o que o Espírito deseja."

— Romanos 8:1-5

Eu lhe direi o que você precisa saber

Se você entendesse tudo sozinha, não precisaria de mim, não é mesmo? Embora tenha a inteligência e a capacidade de racionar, você não pode ver o fim a partir do começo, pode? Não pode ver o que vai acontecer na esfera espiritual para o bem ou para o mal a menos que eu lhe mostre. Não pode ver o que está simplesmente chegando perto da sua vida a menos que eu revele. Você tem inteligência e raciocínio, mas eu tenho sabedoria e revelação. Estou disposto e pronto a compartilhar com você o que precisa saber se perguntar e ouvir.

Efésios 1:17; Salmos 119:18; João 16:13

Oração

Tu tens razão, eu não posso entender tudo. E preciso de ti! Abre os meus olhos, assim eu posso ver o que estás tentando me mostrar. Dá-me um espírito de sabedoria e revelação no conhecimento de Cristo. Guia-me por toda a verdade. Estou pedindo e ouvindo.

Associe-se comigo em oração

Associar-se comigo em oração faz mais do que preparar o caminho para as respostas; e faz mais do que mudar suas circunstâncias; isso muda seu coração e sua mente. Você não pode unir-se a mim em oração sem unir-se a mim no processo. E quando se associa comigo em oração, você confia em minha direção para fazer a oração perfeita. Você não se apoia em seu próprio entendimento. Você me permite direcionar suas orações ao Pai. Nós nos unimos para trazermos a vontade do Pai em sua vida. Isso me emociona.

Romanos 8:26-27; Efésios 6:18; Judas 1:20

Oração

Obrigada por intercederes por mim de acordo com a vontade do Pai. À medida que oro com meu espírito e com minha mente, ajuda-me a pedir ao Pai corretamente. Fica ao meu lado e ajuda-me a fazer meus pedidos conhecidos a ele, mesmo quando não sei o que pedir.

Veja a glória de Cristo

Quando você vir realmente a glória do Cordeiro de Deus que tira os seus pecados, começará a relacionar-se com ele de maneira diferente. Você começará a receber do Pai mais livremente aquelas coisas que você precisa para realizar sua vontade, seja a provisão, seja a cura, seja sabedoria ou qualquer coisa. Quando vir realmente a glória do Cordeiro de Deus que tira os seus pecados, caminhará numa liberdade e confiança que atraem as pessoas para Jesus para a salvação de suas almas. Medite na glória do Cordeiro de Deus que tira os seus pecados e a estabeleceu firmemente como embaixadora de seu Reino.

João 1:19; 2Timóteo 2:8; Hebreus 1:3-4;
Colossenses 1:16-20

Oração

Espírito Santo, quero ver Jesus do modo que tu vês. Quero vê-lo em seu poder e majestade. Quero ver sua glória. Revela para mim a natureza e o caráter de Cristo para que a verdade de quem ele é e de quem eu sou nele venha a me libertar.

Passe mais tempo comigo

Você vai precisar fazer alguns ajustes em sua agenda para cumprir meu chamado em sua vida. Sim, é exigida uma mudança no jeito que você gasta seu tempo para alcançar seu destino. Você ora, mas deve aumentar seu tempo de oração. Você adora, mas deve avançar mais fundo. Você estuda, mas há muito mais que quero lhe mostrar! Se você se comprometer em passar trinta minutos a mais comigo às noites, embora esteja cansada, trarei descanso, restauração, refrigério, revelação e ainda mais bênçãos ao seu espírito, sua alma e seu corpo. Quero passar mais tempo com você. Você sabe onde me encontrar.

Efésios 5:16; Mateus 6:33; João 15:1-5

Oração

Mostra-me as mudanças que preciso fazer em minha vida para buscar mais de ti. Ajuda-me a colocar de lado qualquer peso que está me atrasando enquanto corro minha corrida em Cristo. Atrai-me à oração e dá-me uma fome por tua Palavra. Ajuda-me a te obedecer.

NÃO MEDITE EM SEUS ERROS

As misericórdias do Pai são inesgotáveis, renovam-se cada manhã; então, não medite em seus erros que cometeu ontem. Quando você se arrepende, é restaurada à perfeita comunhão com o Pai que a capacita para viver uma vida santa. Meditar nos erros do passado faz você cometer o mesmo erro hoje.

Naquilo que você se concentra é o que atrairá sua alma. Naquilo que você medita produzirá fruto, seja ele bom ou mau. Então, em vez de meditar em seus pecados rumo à condenação, medite no perdão do Pai rumo à purificação. Então, peça graça para caminhar em santidade.

Lamentações 3:22-23; 1João 1:9; Salmos 2-4

Oração

Obrigada por tua grande misericórdia em relação a mim. Ajuda-me a receber tua graça e teu perdão para que eu caminhe livre na novidade de vida que Jesus me oferece. Ajuda-me a não cometer os mesmos erros de novo. Derrama tua graça para caminhar em santidade.

AGRADEÇA SEMPRE

QUANDO VOCÊ É tentada a reclamar, encontre alguma coisa para nos agradecer. A reclamação é uma tentação que o inimigo traz. Mas lembre-se que o poder da vida e da morte está na sua língua. Quando você reclama, está declarando a morte sobre alguma coisa.

Em vez de proclamar seu descontentamento, agradeça-me pela sabedoria para vencer o que está a decepcionando, para resolver os problemas que enfrenta, para confrontar o inimigo com a espada do Espírito, ou para fugir de uma situação e deixar que eu lide com ela. Seu louvor a capacita para se concentrar em receber minha sabedoria e declarar vida — mesmo para aquelas coisas que cheiram à morte.

FILIPENSES 2:14-16; EFÉSIOS 5:20;
1TESSALONICENSES 5:18

ORAÇÃO

Ajuda-me a manter um coração grato em meio às circunstâncias frustrantes, às provações, aos ataques do inimigo e aos dias maus. Não vou mais reclamar, porém levantarei minha voz em louvor e ações de graças àquele que me dá força e sabedoria para vencer.

Mantenha seus olhos em Jesus

Não lhe disse que resolveria tudo para o seu bem? Não falei minha vontade ao seu coração? Não são todas as minhas promessas sim e amém? O inimigo tenta roubar a sua fé, cansá-la e esgotá-la emocionalmente ao mostrar todas as coisas que poderiam dar errado. Ele tenta roubar sua paz ao colocar pessoas complicadas em sua vida que se opõem à vontade do Pai. Feche seus olhos naturais, feche seus lábios e olhe para Jesus. Ele irá libertá-la dos estreitos e irá levá-la a um lugar espaçoso.

Romanos 8:28; 2Coríntios 1:20; Efésios 6:16

Oração

Obrigada por me fazeres lembrar da tua Palavra. Escolho caminhar em fé. Escolho levantar o escudo da fé e apagar todos os dardos inflamados do inimigo. Ajuda-me a desviar meus olhos das circunstâncias e se concentrar no Autor e Consumador da minha fé.

8 de agosto

Você tem que ter autoridade sobre o inimigo

Você venceu pelo sangue de Jesus e pela palavra do seu testemunho — e por negar a sua própria vontade enquanto busca a vontade do Pai. Esses são os princípios de batalha espiritual. Caminhe nesses princípios, e você manifestará a vitória que lhe pertence em Cristo.

Você tem autoridade sobre o inimigo em nome de Jesus porque aceitou a sua obra da cruz. Declare sua autoridade e permaneça disposta a continuar diminuindo para que ele cresça — e certamente o Diabo fugirá.

Apocalipse 12:11; Lucas 9:23; Tiago 4:7

Oração

Obrigada pelo sangue do Cordeiro! Ajuda-me a crucificar minha carne. Ajuda-me a negar a mim mesma. Ajuda-me a tomar minha cruz e seguir a Cristo em qualquer lugar e por toda a parte. Eu declaro que tenho autoridade sobre o inimigo em nome de Jesus. Por favor, dá-me um entendimento maior dessa autoridade.

Conheça as pessoas pelo espírito

As pessoas nem sempre provam ser confiáveis — mesmo aquelas que se dizem ser cristãs —, mas você pode sempre confiar no Deus que as criou. Quando você começa novos relacionamentos, tenha discernimento, mas não seja suspeita. Creia no melhor e as conheça pelo espírito mais do que pela carne.

Lembre-se, Samuel pensou que Eliabe era a melhor escolha para ser rei de Israel, mas o Senhor vê o coração. Peça ao Pai para lhe mostrar o coração da pessoa e seu coração por eles e isso mudará a dinâmica do seu relacionamento. E tanto quanto depender de você, seja confiável.

1Samuel 16:7; João 15:12; Lucas 6:32

Oração

Tu és confiável mesmo quando as pessoas não são confiáveis. Dá-me um coração perceptível, assim eu posso entrar em uma nova amizade como aqueles que tu me chamaste para fazer amizade. E acima de tudo, ajuda-me a mostrar o amor de Cristo mesmo quando não tenho nada em troca.

Sempre creia no melhor

NÃO PENSE NO pior. Creia no melhor. É com você. O inimigo só tem pensamentos negativos para compartilhar; os pensamentos que tenho em relação a você são positivos. Os pensamentos do inimigo em relação a você são de condenação; os pensamentos que tenho em relação você são de amor. Os planos do inimigo para você são maus; meus planos para você são puros e bons.

Clame a mim. Venha e ore comigo. Eu irei ajudá-la a derrotar os planos do inimigo, e compartilhar meu modo de pensar com você.

JEREMIAS 29:11; JOÃO 10:10; SALMOS 139:17-18

→ Oração ←

Ponho o capacete da salvação agora e escolho crer no melhor — crer naquilo que tua Palavra diz sobre todas as situações. Ajuda-me a aceitar teus planos para mim, assim eu irei me ver do modo que tu me vês.

Meu Espírito de paz habita em você

Mesmo quando o caos a cerca, a paz habita dentro de você. Jesus deixou sua paz, e ele é o Príncipe da paz. Eu sou o Espírito da paz. Você pode estar enfrentando circunstâncias desagradáveis e ter pessoas complicadas em seu caminho. Mas isso não muda a realidade de que Jesus deixou sua paz e que eu, o Espírito da paz, habito em você. Então, é com você. Você pode se concentrar no caos do mundo, ou pode se concentrar em minha paz. Eu não irei ajudá-la a se concentrar no caos, mas irei ajudá-la a vencê-lo ao ensiná-la como permanecer tranquila.

Isaías 9:6; 2Tessalonicenses 3:16; Isaías 55:12

→ Oração ←

Obrigada por tua paz. Ajuda-me tomar posse da tua paz mesmo em meio à tempestade. Dá-me a determinação de procurar a paz em todas as situações. Dá-me um desejo pela paz e dá-me a graça de ser uma criadora e mantenedora da paz.

Aprenda a arte de lançar

Estude a palavra *lançar* e você entenderá melhor o bom combate da fé. Quando você lança suas ansiedades sobre Jesus, quando derruba os argumentos vãos e toda a pretensão que se levanta contra o conhecimento de Deus, quando expulsa os demônios — você está tomando uma medida drástica. Mas lançar exige esforço. As ansiedades, os argumentos e os demônios não sairão voluntariamente. Você tem que expulsar essas coisas intencional e poderosamente. Faz parte da batalha. Aceite a arte de lançar e você manifestará as grandes vitórias.

1Pedro 5:7; 2Coríntios 10:5; Mateus 10:1

Oração

Ensina-me à medida que me comprometo a entender esse conceito de batalha espiritual. Quando o inimigo lança ansiedade, argumentos e opressões sobre mim, mostra-me como abandonar essas coisas e se recusar a recebê-las novamente.

Deus entende perfeitamente

Algumas pessoas não irão entendê-la. Na verdade, elas irão interpretá-la mal. Ser mal interpretada pode causar sofrimento em sua alma. Lembre-se que Jesus foi mal interpretado, maltratado e amaldiçoado. Você, minha amiga, está em boa companhia. O Pai foi muito mal interpretado, e muitos têm julgado mal seu coração por aqueles por ele criados. Eu também sou mal interpretado amplamente e até mesmo ignorado. Quando as pessoas interpretarem você mal, não leve a sério. Nós entendemos você perfeitamente. Nós a amamos do jeito que você é.

Marcos 3:21; Mateus 12:22-30; Hebreus 4:15

Oração

Sou tão grata que eu tenho um Consolador que me entende e que pode se identificar com meus açoites, minhas fraquezas e minhas decepções. Por favor, ajuda-me a me apoiar em ti quando eu sinto a dor de ser mal interpretada, assim tu podes me confortar.

REVELAREI OS MISTÉRIOS

QUERO MOSTRÁ-LA os mistérios do Reino. Quero compartilhar com você as coisas que os olhos não viram, nem os ouvidos ouviram, nem a mente humana compreendeu. Quero lhe mostrar o que o Pai tem preparado para você, a quem ele ama profundamente. Está dentro do meu poder revelar essas coisas.

Eu sondei o coração do Pai e descobri os tesouros reservados só para você. Eu irei revelá-los para você pouco a pouco, enquanto caminha comigo. Revelarei os mistérios para você.

MATEUS 13:11; 1CORÍNTIOS 2:9; ISAÍAS 45:3

ORAÇÃO

Eu quero conhecer os mistérios. Quero ver essas coisas não vistas que o Pai preparou para mim. Desperte meu coração para caminhar contigo e para falar contigo ao longo do dia, assim eu não deixo passar nada que tu estás tentando revelar para mim.

Eu irei conduzi-la à verdade

Muitas vezes, é melhor não dizer nada para as pessoas sobre os desafios que enfrenta e os obstáculos que estão no meio do caminho entre mim e minha vontade revelada. Muitos não têm minha mente sobre o assunto, e muitos, embora sejam bem-intencionados, darão conselhos que não estão baseados em minha sabedoria.

Eu sou o Espírito da verdade. Eu irei conduzi-la e guiá-la na verdade que você precisa. Não estou tentando esconder a verdade de você. Busque minha sabedoria a respeito dos desafios e obstáculos. Certamente, irei lhe mostrar a verdade que a libertará.

Provérbios 17:18; Êxodo 14:14; Provérbios 29:11

Oração

Irei silenciosamente esperar por ti em todos os momentos, porque tu és aquele que me livra de todas as armadilhas. Ajuda-me a ficar calma e esperar com paciência em ti. Ajuda-me a guardar minha boca e reter meus lábios de discutir com os outros o que é melhor não compartilhar. Mostra-me a verdade que me liberta.

Olhamos para o seu coração

Vejo seu coração pelo Pai e é isso que ele está vendo. Vejo seu coração por Jesus e isso o comove. Vejo seu coração por mim e isso me alegra. O homem olha para a aparência exterior, as falhas, as fraquezas — até os pontos fortes — mas nós olhamos para o coração. O seu amor pode parecer imperfeito e fraco em relação aos nossos próprios olhos, mas isso comove nosso coração. Isso nos emociona.

Amamos você mais do que sabe. À medida que cresce na revelação do nosso amor por você, seu amor por nós vai aumentar. Estamos olhando para o seu coração. Estamos observando seu coração crescer em Cristo. Nós amamos você.

Salmos 26:2; Hebreus 10:22; 1João 4:16

Oração

Sinto como se eu falhasse contigo muitas vezes, mas eu te amo. Ensina-me como te amar mais. Dá-me uma unção para te amar mais. Tu mereces todo o meu amor e mais ainda do que tenho para dar.

Caminhe em paz e em poder

Quando você se vir ficando triste por qualquer situação, veja seus pensamentos. Quando ficar triste pelas circunstâncias ao seu redor, você parou de confiar em mim. Onde existe confiança, a paz transborda. Onde habita a paz, transborda a força. Onde a força está presente, acontece a mudança.

O Pai quer agir em todas as coisas para o seu bem porque ele a ama e você o ama. Então, lance sobre ele suas ansiedades e ore. Você caminhará em paz e força em Cristo — e você verá as coisas mudarem a tempo.

Romanos 12:2; Filipenses 4:6-9; Números 23:19

Oração

Tua verdade é poderosa. Tua Palavra é viva e eficaz, mais afiada que qualquer espada de dois gumes. Deixa-me ser rápida para discernir os pensamentos que não se alinham com a verdade que está em tua Palavra. Capacita-me para rejeitar as mentiras do inimigo e do mundo.

18 de agosto

Uma revelação do meu amor irá transformá-la

O inimigo vai atacar sua identidade — quem você é em Cristo — com insinuações que colocam vergonha em sua alma. O inimigo quer que pense que há algo de errado com você, mas eu a vejo completa em Cristo. Você é completa em Cristo e aceita no Amado.

Quando as pessoas criticam, condenam e a julgam pelas áreas do seu caráter que ainda não foram aperfeiçoadas, recuse a aceitar a vergonha, a culpa e a condenação que suas palavras pretendem colocar em você. Você está crescendo em graça e eu a vejo através dos olhos do amor. Você será transformada através de uma revelação do amor, não pela crítica do homem. Concentre-se em meu amor.

Colossenses 2:10; Efésios 1:6; Romanos 8:2

Oração

Obrigada, pois sou livre da lei do pecado e da morte. Sou uma pessoa espiritual e não sou julgada por ninguém. Ajuda-me a rejeitar a condenação que vem das pessoas e do inimigo e receber teu amor que me ajuda a vencer todos os meus defeitos.

Eu irei ajudá-la a perdoar

Seja rápida em perdoar — bem rápida. Quanto mais se debruçar nos pecados cometidos contra você, mais tempo ficará longe do meu coração, pois meu coração é um coração de perdão. Não me debruço nos erros cometidos contra mim. Não me debruço nos pecados cometidos contra mim. Meu coração busca a restauração. Meu coração busca a reconciliação. Meu coração busca a paz.

Debruçar-se nos pecados cometidos contra você não vai conceder a restauração, reconciliação *ou* a paz. Peça-me, e eu irei ajudá-la a perdoar tanto as pequenas ofensas quanto as grandes injustiças. Você só tem que estar disposta.

Efésios 4:31-32; Colossenses 3:13; Mateus 18:21-35

Oração

Eu estou disposta. Recuso-me a debruçar nos pecados cometidos contra mim. Capacita-me para ser rápida para perdoar até mesmo aqueles que mais me magoaram — por mais vezes que eles tenham feito isso. Dá-me um coração que busca a reconciliação e a paz para a tua glória.

20 de agosto

Eu estou com você e por você

As provações e tribulações vêm e vão. Mas eu sempre estarei com você. Os ataques e as mentiras podem se levantar contra você. Mas eu sempre sou por você. Sou seu lugar secreto. Sou seu esconderijo. Seja lá o que surgir em seu caminho, estou tão perto de você quanto deseja que eu esteja. Posso direcionar seus passos e colocar palavras em seus lábios. Posso lhe dar sabedoria, proteção e libertação. Tudo o que você precisa eu tenho e estou disposto a compartilhar com você. Não tenha medo. Eu amo você.

Romanos 8:18; Salmos 34:7; Salmos 34,4

Oração

Nenhum sofrimento que eu suporte irá se comparar à glória que será revelada em mim na volta de Cristo. Obrigada por estares comigo em todos os momentos. Capacita-me para permanecer e resistir, e livra-me do mal, e eu glorificarei teu nome na terra.

Pegue o caminho estreito

Você ouviu dizer: "Pegue o caminho largo." No Reino de Deus, não é o caminho *largo*, mas o caminho *estreito* que você deve pegar — o caminho da humildade. Tomar esse caminho significa fazer o certo pelas pessoas que não estão fazendo o certo por você. Significa pedir graça e sabedoria, em vez de caminhar em sua própria força e inteligência.

Os meus pensamentos são mais altos do que os seus pensamentos, os meus caminhos são mais altos do que os seus caminhos. Jesus é manso e humilde, um Rei humilde que foi exaltado nas alturas. Eu irei ajudá-la a caminhar na graça da humildade, se você me permitir.

Tiago 4:6; 1Pedro 5:6; Filipenses 2:1-8

Oração

Eu escolho a humildade. Derrama essa graça em meu coração. Escolho imitar meu humilde Senhor. Dá-me a sabedoria de andar em teus caminhos. Ajuda-me a preferir as outras pessoas e honrar os outros acima de mim mesma.

Renda-se totalmente a mim

Se você se entregar a mim, render-se totalmente, e me permitir ter por completo meu caminho, irei mudar de maneira radical sua vida para a glória de Jesus. Assim, todos ao seu redor irão testemunhar o meu poder transformador e ficarão famintos e sedentos pela justiça. Se você se render a mim todas as vezes, permitir-me renovar sua mente com minha Palavra e ter comunhão comigo dia e noite, eu lhe darei em troca mais do que você possa imaginar, e eu a usarei de formas que jamais imaginaria pedir. O que você me diz?

João 15:14; Romanos 12:2; 2Coríntios 3:18

→ Oração ←

Eu quero me entregar, me render totalmente, e seguir em teu caminho — mas geralmente eu erro o alvo. Move meu coração para meditar em tua Palavra — e em ti — dia e noite. Meu espírito está pronto, mas minha carne é fraca.

Aproxime-se de mim

Aproxime-se de mim, pois eu já estou perto de você. Estou sempre perto do seu coração. Quando escolhe se aproximar de mim e colocar seu coração, mente, alma e força para me amar, você receberá a minha presença, meu amor, minha paz, minha verdade, meu poder e tudo que você precisar. Meu desejo é que você caminhe em íntima comunhão com meu coração, assim eu posso direcionar verdadeiramente rumo ao caminho do seu destino. Aproxime-se de mim. Eu já estou perto de você. Estou tão perto quanto você quer que eu esteja. Chegue mais perto.

Tiago 4:8; Salmos 63:1-2; Salmos 42:1-2

Oração

Estou faminta e sedenta por ti, mas o espírito do mundo está sempre lá para me arrastar em outra direção. Fortalece-me para escolher buscar a intimidade contigo acima de todas as coisas, para que eu possa me regozijar em tua gloriosa presença e conduzir os outros ao teu coração.

Eu sempre sou fiel

Eu sou fiel. Eu sempre sou fiel. Não irei trair a sua confiança. Não pensarei diferente de você, não importa o que me falar. Não a deixarei sem ajuda. Não reterei qualquer coisa boa de um coração que busca o meu coração. Tudo o que precisar, eu tenho. Quando precisar de um amigo, eu estou com você. Quando precisar de conforto, volte-se para mim. Quando precisar de entendimento, eu lhe darei. Tenho muito para lhe oferecer, mas muitas vezes, você se esquece de extrair de mim o que você precisa. Estou fazendo você se lembrar — estou aqui por você.

1Coríntios 1:9; Isaías 41:13; João 15:15

Oração

Espírito Santo, o teu fruto é a fidelidade. Tu és fiel, mesmo quando eu sou infiel. Ajuda-me a extrair tudo o que eu preciso para andar dignamente em minha vocação em Cristo, e correr a corrida de tal maneira que eu seja fiel até o fim.

DEIXE AS ANSIEDADES DO MUNDO PARA TRÁS

DEIXE TODAS AS ansiedades deste mundo para trás. Não as assuma; rejeite-as. Este é o nosso momento de comunhão, e as ansiedades e preocupações que entram em sua mente durante nosso tempo juntos a distraem do meu coração. Você não pode receber minha paz, força, alegria, sabedoria e poder quando está dando atenção às ansiedades deste mundo. Então, de uma vez por todas, lance sua ansiedade sobre mim e olhe para Jesus. Mantenha sua mente nele. Nós cuidaremos das suas ansiedades — e cuidaremos de você.

MARCOS 4:19, SALMOS 55:22; MATEUS 6:34

ORAÇÃO

Às vezes sinto como se as ansiedades deste mundo estivessem sufocando tua vida longe de mim. Ajuda-me a resistir à tentação de assumir as ansiedades das quais tu estás disposto a cuidar por mim. Eu troco minhas ansiedades por tua paz, tua alegria e teu poder.

A bondade e a fidelidade acompanharão você

A BONDADE E A fidelidade do pai acompanharão você por onde quer que vá. A graça e o amor de Jesus estão lhe procurando. A minha parte é fazê-la entender isso completamente. Pense nisso: bondade, graça e amor a cercam. Meu poder habita em você. Cristo em você é a esperança da glória. Quando perceber totalmente a profundidade dessas verdades, elas se tornarão uma realidade em sua vida diária, transformarão sua visão, e você verá mais claramente essa bondade, essa graça e esse amor que a estão envolvendo.

Salmos 23:6; Colossenses 1:27; João 16:13-15

Oração

Eu declaro que tua bondade e tua fidelidade me seguem por onde quer que eu vá — e eu me alegro nesta verdade. Ajuda-me a reconhecer a tua grande graça e bondade. Revela para mim a esperança da glória que habita em meu coração através de Cristo, e eu louvarei o teu nome.

Temos tudo incluído

Você só pensa muito. Você não sabe que nós já temos tudo solucionado? Não entende que temos um plano perfeito que inclui os pequenos detalhes e o todo? Temos tudo incluído — todas as oportunidades de todos os desafios. Em vez de pensar muito naquilo que poderia acontecer ou como fazer isso ou dizer aquilo, tem que pensar no amor do Pai por você e no sacrifício de Jesus no Calvário. Confie em mim. Eu revelarei tudo o que você precisa saber e fazer no momento certo. Nós estamos do seu lado, e nada nos surpreende.

Provérbios 16:9; Efésios 3:20; Salmos 32:8

Oração

Sou tão grata que teus olhos estão sempre sobre mim e que tu conheces o caminho a seguir. Ajuda-me a relaxar, confiar em teu tempo e tua direção. Direciona meus passos rumo ao caminho perfeito que tu fizeste para eu trilhar.

Eu sou

Jesus me enviou para ser o seu Mestre, o seu Auxiliador, o seu Consolador, a sua Companhia, o seu Amigo. Eu sou seu Advogado. Eu luto por você. Eu sou seu Conselheiro, e ofereço sábios conselhos que irão conduzi-la à verdade. Sou seu Intercessor pessoal, e faço orações perfeitas em seu favor. Sou sua Espera, sempre pronto para intervir para ajudar quando você precisa de mim. Eu sou quem fortalece você. Quando você está fraca, posso fortalecê-la para tudo o que Jesus quer que você faça. Eu sou seu médico. Eu sou quem revela a verdade. Alegra-me revelar a verdade para você e mostrá-la quem Jesus realmente é.

João 14:26; João 16:7; 2Coríntios 12:10

Oração

Tu és o meu tudo. Tu me ajudas de maneira que eu jamais posso saber. Eu não quero deixar de te amar porque tu jamais deixas de me amar. Ensina-me como entrar mais profundamente em tua presença para que eu receba todas as suas boas dádivas.

Receba nosso amor

Sei que você está fazendo o melhor que pode. Descanse em mim. Seu amor pode parecer fraco para você, mas ele me alegra. Tudo o que eu desejo de você é que me ame com todo o seu coração, toda a sua mente, toda a sua alma, e toda a sua força. É assim que amamos você.

Enquanto receber nosso amor por você, será capaz de nos amar mais e mais. Sua capacidade de amar as pessoas também aumentará. Todos a reconhecerão como uma das verdadeiras discípulas de Jesus pelo amor que você ministra. Deixe-nos ministrar em você agora. Está pronta para receber?

Lucas 10:27; 1João 4:9-12; João 13:35

Oração

Estou fazendo meu melhor; mas, às vezes, meu melhor não alcança o objetivo, e isso é frustrante. Faz-me lembrar de me concentrar em ti e em teu amor por mim para que o teu perfeito amor venha a encobrir os medos e frustrações que, de vez em quando, me distraem do teu coração.

Concorde em me seguir

Olhe para frente. O que vê? Sabe que o plano do Pai para você é bem maior do que pode ver? Sabe que ele foi feito muito antes de você ter nascido? E que nenhum inimigo é poderoso o bastante para impedi-lo? Embora ainda não possa ver a plenitude do seu destino em Cristo, você pode chegar perto dele ao concordar seu coração e alma de seguir para onde eu a conduzir. É minha alegria levar você até lá. Simplesmente concorde.

Salmos 31:19; Isaías 64:4; Isaías 58:11

→ Oração ←

Conheço em parte e vejo em parte — mas quero conhecer mais. Tu irás me dar um vislumbre do plano do Pai? Tu irás me conduzir e guiar para que venha ter certeza de cumpri-lo? Eu te seguirei.

Você pode crescer diante das dificuldades

Se tudo na vida fosse fácil, você não cresceria no caráter de Cristo. Considere o tempo de Jesus na terra. As circunstâncias eram fáceis? As pessoas próximas a ele eram compassivas? O inimigo não veio com tentações, pedras de tropeço, perseguição e traição? Se o mundo o odiou, ele odiará você. Se as pessoas o interpretaram mal, eles irão interpretá-la mal. Ninguém jamais prometeu que seria fácil, mas sendo fácil ou não, você pode caminhar em justiça, paz e alegria em mim. Pode crescer no Reino de Deus.

Hebreus 5:8; João 15:18; Romanos 14:17

Oração

Tu jamais prometeste que seria fácil. Sei que Jesus disse que haveria tribulações no mundo. Fortalece-me para permanecer em meio ao ódio do mundo. Ajuda-me a caminhar em tua alegria apesar das circunstâncias difíceis.

Setembro

"Pois se vocês viverem de acordo com a carne, morrerão; mas, se pelo Espírito fizerem morrer os atos do corpo, viverão, porque todos os que são guiados pelo Espírito de Deus são filhos de Deus. Pois vocês não receberam um espírito que os escravize para novamente temer, mas receberam o Espírito que os adota como filhos, por meio do qual clamamos: 'Aba, Pai'. O próprio Espírito testemunha ao nosso espírito que somos filhos de Deus."

ROMANOS 8:13-16

Somente creia

Somente creia. É tudo que é exigido de você. Sua profunda crença, confiança e fé no Pai irão impeli-la às boas obras que Cristo preparou para você caminhar. Pela fé você amará. Pela fé você cumprirá as missões que lhe demos. Pela fé você chamará aquelas coisas como se elas já existissem. Pela fé você perseverará quando parecer como se tudo estivesse perdido. Somente creia. É tudo que é exigido de você. Quando você confia em mim completamente, tudo se encaixa.

Marcos 5:36; Lucas 1:37; Hebreus 11:1

Oração

Aumenta minha fé. Ajuda-me em minha incredulidade! Fala palavras de fé ao meu coração, e eu te seguirei. Eu realizarei as boas obras que Jesus preparou para mim como tua colaboradora. Eu confio em ti; ajuda-me a confiar em ti mais e mais.

Honra-me com seu tempo

Eu valorizo quando você ajusta sua agenda para passar um tempo extra comigo. Vejo as exigências do seu tempo, as pessoas pressionando-a em direções diferentes, as pressões que tentam me tirar do seu dia. Quando você me honrar com seu tempo, prometo ajudá-la a atender à demanda, às responsabilidades e às pressões que o mundo coloca em seu caminho. Então venha e tire alguns minutos extras comigo agora. Minha graça a espera.

João 15:1-5; Deuteronômio 4:9; Lucas 12:34

Oração

Passar tempo contigo é uma alegria. Simplesmente gostaria de ter mais tempo para dar. Mostra-me as formas que posso ajustar minha agenda para que eu possa gastar mais tempo em tua presença, em oração, em adoração e em estudo. Dá-me a graça de fazer mais em menos tempo para que eu possa dedicar mais tempo a ti.

Não deixe que o inimigo a desanime

Não deixe que o inimigo a desanime quando as coisas não saem do jeito que acha que devia — ou se resolvem do jeito que você acredita que eu quero que elas se resolvam. Ele não traria desânimo ao seu coração se não estivesse fazendo algo que ele não gostasse. Ele está tentando persuadi-la a desistir do que está fazendo ao insinuar que você não está fazendo a diferença.

Você está fazendo a diferença para mim. Você está fazendo a diferença para o Pai. Você está fazendo a diferença para Jesus. Você está fazendo a diferença para muitas pessoas. Seja fiel. Continue o que está fazendo. Sua recompensa no céu será grande.

Romanos 8:28; 1Coríntios 9:24; Gálatas 6:9

Oração

É muito desanimador tentar fazer meu melhor e parecer fracassar. Obrigada por incentivares meu coração. Obrigada por me dares a Palavra de Deus para me incentivar em ti. Faz-me lembrar de que todas as coisas cooperam para o meu bem porque tu me amas Não importa o que aconteça.

Apegue-se a mim

Apegue-se a mim porque eu sou apegado a você. Minha mão de amor tem um aperto firme em sua alma. Minha graça pode protegê-la dos inimigos que procuram distrair sua alma da minha alma. Sua parte é receber minha graça. Sua parte é recusar tudo o que impede o amor. Rejeite tudo que lhe faz se afastar de meu coração ou até desviar o olhar de Jesus.

Apegue-se firme porque haverá muitas distrações nos dias que virão. Meu amor é sua teia de segurança. Eu jamais deixarei você partir. Jamais me deixe partir.

João 10: 28-19; Hebreus 13:5; João 14:18

Oração

Jamais deixarei tu partires. Eu estou em ti e tu estás em mim. Somos um. Mostra-me se há alguma coisa que está me distraindo do teu coração, e fortalece-me para me apegar a tua Palavra quando as pessoas e as circunstâncias tentam me afastar de ti.

Acalme sua alma e ouça minha voz

Eu ouço quando você clama ao Pai. Você me ouve quando eu clamo por você? Gritos profundos para o profundo. A profundidade de quem eu sou clama por você com instrução, direção e sabedoria. Estou clamando por você com verdade, revelação e entendimento. Às vezes, você está tão distraída pelas pessoas que você não ouve minha voz. Mas eu estou esperando o que você precisa em qualquer momento. Acalme sua alma. Ouça minha voz. Preste atenção em minha Palavra. Eu estou falando.

Salmos 18:6; 2Timóteo 3:16; João 10:27

Oração

Continue clamando a mim, mesmo quando eu estou lenta para ouvir. Continue falando ao meu coração mesmo quando minha alma está distraída. Dá-me ouvidos para ouvir que o teu Espírito está dizendo para que eu jamais perca as tuas instruções, tua revelação e tua verdade.

6 de setembro

Eu lhe direi o que você precisa saber

Você pode me perguntar tudo. Posso nem sempre lhe dizer o que você quer. Posso nem sempre lhe dizer o que você quer ouvir. Mas eu sempre lhe direi o que você precisa saber e o que precisa ouvir. Jamais mentirei para você. Jamais irei tirá-la do caminho. Embora eu não revele tudo o que sei de uma vez só, tenha certeza que eu revelarei a verdade pouco a pouco enquanto caminha comigo rumo ao seu destino. Compartilharei com você o que pode suportar. Então, peça-me tudo e confie em mim para lhe dizer o que você precisa saber. Eu sou fiel.

Mateus 7:7; Números 23:19; João 16:12

Oração

Eu tenho muitas perguntas, mas sei que tu tens todas as respostas, então eu vou perguntar e continuar perguntando. Ajuda-me a ficar contente com tudo o que tu escolherias para compartilhar comigo em tua sabedoria e em teu tempo. Eu confio em ti para me conduzires em toda a verdade.

Meu amor por você jamais muda

Eu sei quantos fios de cabelo há em sua cabeça. Sei quantas lágrimas você chorou — e por que você chorou. Sei quantas vezes tropeçou. Sei quantas vezes quis desistir. Sei quantas vezes orou. Sei quantos louvores cantou. Ouvi todas as palavras que falou, e sei tudo o que vai falar antes de você dizer. Nada que possa fazer me surpreende — bom ou mau. Meu amor por você jamais muda. Eu vejo o seu fim desde o começo, e ele é tão belo quanto você.

Lucas 12:7; Salmos 56:8; Salmos 139:4

Oração

Tu me conheces totalmente e ainda assim me amas. Isso me dá uma grande confiança em ti. Obrigada por me confortares quando lamento, quando caio, ajudando-me a orar e me amar por tudo isso.

8 de setembro

Busque o meu coração pelas verdades espirituais

Sei todos os seus segredos. Gostaria de saber alguns meus? Gostaria de saber o que está na mente de Cristo? Gostaria de saber o que está no coração do Pai? Revelarei as coisas profundas se você me buscar. Eu conheço os segredos profundos do Pai. Você me buscará por causa dos pensamentos dele? Busque e encontrará. Quero que saiba os pensamentos e planos maravilhosos que o Pai preparou para você. Busque o meu coração pelas verdades espirituais, e encontrará o que procura.

Deuteronômio 29:29; Provérbios 25:2;
1Coríntios 2:11

Oração

Sim, eu quero saber os teus segredos. Quero conhecer a mente de Cristo e o coração do Pai, porém, longe de ti eu nada posso fazer. Ajuda-me enquanto me comprometo a buscar as coisas secretas que tu queres revelar ao meu coração.

Olhe o quanto você foi longe

Olhe para trás dez anos. Já imaginou onde estaria agora? Olhe o quanto você foi longe! Olha o quanto você mudou! Olhe o quanto o seu coração cresceu! Olhe para a extensão na qual sua mente tem sido renovada e como estão diferentes os seus pensamentos, suas palavras e suas ações. Olhe para aquilo de que você foi livrada e como foi transformada. Olhe para as vitórias que tem visto em Cristo. Olhe para onde veio. Agora, imagine aonde eu posso levá-la em mais dez anos. Remova os limites.

Mateus 19:26; Lucas 6: 43-45; Marcos 9:23

Oração

Estou maravilhada pelo quanto tu me trouxeste longe e como tu transformaste meu coração para ser mais como Cristo. Tudo é possível àquele que crê. Nada é muito difícil para ti. Ajuda-me a crer em ti naquilo que parece impossível.

Dê espaço para mais de mim

Receba-me. Receba mais de mim. Dê mais espaço em seu coração para minha verdade. Dê mais espaço em seu coração para minha sabedoria, meus dons, meu fruto, meu poder — dê espaço para mim. Dar mais espaço para mim significa colocar de lado os fardos. Coloque de lado a preocupação. Coloque de lado as distrações do mundo. Coloque de lado as lembranças ruins do passado que a atrasam. Quando liberar essas coisas, será capaz de alcançar novas profundidades em meu amor. Expandirei meu amor em seu coração para que você possa derramar esse amor nos outros para a glória de Jesus.

Hebreus 12:1; Filipenses 3:13; Romanos 5:5

Oração

Irei me diminuir para que tu possas crescer. Crucificarei a minha carne para que haja mais espaço para ti. Morrerei diariamente para as coisas deste mundo. E negarei a mim mesma e carregarei a minha cruz. Peço somente uma coisa enquanto começo a fazer isso: dá-me a graça.

Conheça a fase na qual está

Compreenda em qual fase você está, pois como disse Salomão, há tempo de plantar e tempo de arrancar o que se plantou, tempo de derrubar e tempo de construir, tempo de chorar e tempo de rir, tempo de espalhar pedras e tempo de ajuntar, tempo de calar e tempo de falar, tempo de lutar e tempo de viver em paz. Para tudo existe uma fase e um tempo. Revelarei a você os tempos e as fases da sua vida se me pedir. A sua parte é ficar perto do meu coração em todas as situações.

Eclesiastes 3:1-8; 1Crônicas 12:32;
Salmos 31:14-15

Oração

O teu tempo é perfeito. As tuas fases são intencionais. Por favor, ajuda-me a discernir as fases em que estou entrando e saindo, assim posso colaborar com teu espírito. Por favor, mostra-me o teu tempo em todas as coisas.

12 de setembro

Deixe-me relevar Cristo a você

Jesus falou claramente: "Venham a mim, todos os que estão cansados e sobrecarregados, e eu lhes darei descanso. Tomem sobre vocês o meu jugo e aprendam de mim, pois sou manso e humilde de coração, e vocês encontrarão descanso para as suas almas. Pois o meu jugo é suave e o meu fardo é leve." Bem, como acha que pode aprender dele? Ele me enviou aqui para ensiná-la. Eu sou seu Mestre. Revelarei as profundezas do caráter de Cristo — amor, alegria, mansidão, humildade de coração e muito mais. Deixe-me ensiná-la.

Mateus 11:28-30; 1João 2:17; João 14:26

Oração

Quero aprender de Cristo contigo. Quero aprender como descansar nele e como caminhar nele. Mostra-me as profundezas de teu caráter e transforma-me à sua imagem e eu jamais serei a mesma. Ensina-me como me render mais a ti.

Não deixe que as emoções a desviem

A resposta calma desvia a fúria. Paz gera paz. A sabedoria refreia a língua quando as emoções ficam intensas. Nós criamos você como um ser emocional. Também temos emoções. Sentimos alegria. Lamentamos. Ficamos irados. Mas nos iramos e não pecamos. Aflija-se, mas não fale de forma imprudente. Há tempo para falar e tempo para calar e para orar.

Quando a conduzo para falar, conduzo-a com verdade, graça e amor. Isso não significa que o que falar será sempre bem-vindo. Isso não é decisão sua. O quanto depender de você, viva em paz com todas as pessoas.

Provérbios 15:1; Provérbios 29:11;
Romanos 12:18

Oração

As emoções são instáveis e não confiáveis. Ajuda-me a exercitar o fruto do autocontrole sobre minhas emoções — sejam elas intensas ou não. Faz-me lembrar dos princípios da tua Palavra, assim posso caminhar em verdade, amor e paz, seja lá como me sentir.

Estamos escutando você

Sim, estamos escutando você. O clamor do seu coração comove nosso coração. Nós não só escutamos suas orações, pedidos, súplicas e intercessões, mas também estamos cooperando em tudo para o seu bem e para o bem daqueles que você ama. Nossa vontade é boa, então confie em nós sem hesitar. Escutamos seu coração e isso nos comove. Estamos com você. Tudo vai dar certo.

Salmos 34:17; 1João 5:14; Salmos 28;7

Oração

Obrigada por ouvires o clamor do meu coração. Obrigada por considerares meus pedidos e agires em minhas intercessões. Eu confio em ti. Ajuda-me a permanecer firme em minha confiança, mesmo quando não vejo as coisas pelas quais estou orando mudarem.

Quero trazê-la a uma intimidade mais profunda com Cristo

Quero trazê-la a uma intimidade mais profunda com Cristo. Quero que entenda a largura, o comprimento, a altura e a profundidade do amor dele por você. Nada pode separá-la disso! Ele a redimiu com seu sangue e você é dele.

Medite no amor de Cristo. Veja-o como o Noivo que arde com um amor eterno por você. Busque entender suas emoções por você. Contemple sua beleza. Veja-o como Maria, de Betânia, e João, o apóstolo, viram, e ouvirá as batidas de seu coração. Ele pulsa por você.

Salmos 27:4; Lucas 10:38-42; João 13:23-25

Oração

Espírito Santo, quero que me tragas a uma intimidade mais profunda. É isso que anseio. Por favor, dá-me sabedoria, entendimento e revelação sobre o amor de Cristo. Por favor, ajuda-me a ter meus olhos fixos nele e se apoiar no coração do meu Amado.

Estou afiando você para a batalha

Assim como o ferro afia o ferro, uma pessoa afia a outra. Não resista ao ferro. Não fuja da pressão piedosa. Não tente escapar da abrasão. Tudo faz parte do processo. Sim, o Pai colocou as pessoas em sua vida como instrumentos para afiá-la. Essas pessoas não são suas inimigas. Então, não as trate como adversários ou oponentes. Humilhe-se e receba minha perspectiva no processo. Estou afiando você para a batalha, não contra a carne e o sangue, mas contra o verdadeiro inimigo: principados e potestades, forças demoníacas. Estou afiando você para a batalha espiritual.

Provérbios 27:17; Salmos 144:1; Salmos 18:34

Oração

Não gosto de ser afiada, mas sei que é para o meu próprio bem. Tu estás treinando minhas mãos para a guerra e meus dedos para a batalha. Tu estás me ensinando a caminhar em amor e humildade. Recebo tuas instruções. Por favor, dá-me a graça de atravessar esta fase.

Trate as pessoas de forma piedosa mesmo quando elas a ofenderem

Faça o que é certo pelas pessoas mesmo quando elas não fazem o que é certo por você. Um mal não justifica o outro e você pode estar enganada acerca da pessoa que acha que errou com você. Ela pode não ter prejudicado você em tudo. A informação que colheu, a noção que teve, a observação que fez pode tê-la levado a uma hipótese incorreta. E mesmo se seu discernimento for exato — mesmo se alguém está fofocando sobre você, ou caluniando ou perseguindo — faça o bem a ela, seja como for. E ore por ela. Ou seja, aja como seu Pai no céu.

Gálatas 5:14; Levítico 19:18; Mateus 5:44

Oração

Não quero considerar o pior das pessoas; quero acreditar no melhor. Ajuda-me. Fortalece meu coração para resistir à tentação de retribuir o mal pelo mal. Dá-me a coragem de retribuir o bem pelo mal e orar por quem não fez o bem para mim.

18 de setembro

Resista e continue resistindo

Sei que parece como se você estivesse esperando no Senhor por muito, muito tempo. Sei que parece como se você estivesse esperando pela mudança que você está tão desesperada para ver há muito tempo. Sei que parece como se suas orações jamais fossem atendidas, mas tenha ânimo, seja forte e corajosa. Saiba, confie e creia. Resista e continue resistindo em fé, em nada hesitando. Não fique cansada por esperar. Todas as promessas do Pai são sim e amém. Você verá a glória do Senhor em suas situações. Continue resistindo. Não desista agora.

Lamentações 3:25; Salmos 27:14; Efésios 6:13;

Oração

Obrigada por incentivares o meu coração. Eu tenho feito tudo o que posso, então resistirei em fé, agradecendo-te pela tua boa vontade. Ajuda-me a não ficar cansada em resistir na tua Palavra e crer nas respostas de oração. Eu me recuso a desistir!

Dê ouvidos a mim

Não dê ouvidos ao inimigo, porque se você permitir que ele sussurre em seu ouvido, em pouco tempo estará falando seus planos com sua boca. Você dará vida aos planos mortais dele ao concordar com suas mentiras. Então, não dê ouvidos ao inimigo, em vez disso, dê ouvidos a mim.

Eu desejo falar vida a você, palavras de vida que pode declarar com sua boca concordando com minha vontade, palavras que estarão em oposição às mentiras dos inimigos e lhe trarão paz e graça para todos que as escutarem. Então, dê ouvidos a mim e seus olhos à Palavra de Deus, e sua mente será renovada.

João 8:44; João 10:10; João 6:63;

Oração

O Diabo é um mentiroso, mas ele é tão sutil que, às vezes, eu me entretenho com sua voz quando deveria estar repreendendo-a. Ajuda-me a dar ouvidos às tuas palavras, e somente às tuas palavras. Ajuda-me a falar somente aquelas coisas que estão alinhadas com a tua verdade.

Agradeça a Deus por aquilo que Ele lhe tem dado

Você não precisa orar pela paz porque Jesus já lhe deu sua paz. Você não precisa orar por graça porque eu, o Espírito da graça, habito em você. Você só precisa de uma revelação mais profunda do que lhe pertence em Cristo. Ele lhe deu todas as coisas que dizem respeito à vida e à piedade. Só precisa tomar posse delas. Só precisa ser cuidadosa com o que tem e nos agradecer por isso. A gratidão aos seus dons de paz e graça desbloqueia o poder para caminhar nelas.

João 14:27; João 16:33; Romanos 8:6;

→ Oração ←

Obrigada por tua paz! Ensina-me como tomar posse da paz que me deste. Ajuda-me a me conectar com esse fluxo de paz que excede todo o entendimento. Ajuda-me a colocar minha mente em ti para que eu possa vivenciar a paz que habita em mim.

21 de setembro

Eu lhe dei os dons para usar para a glória de Cristo

Eu lhe dei dons e espero que você os use. Eu lhe dei talentos naturais que desejo que use para a glória de Cristo. Também lhe dei dons espirituais para abençoar muitas pessoas. Você foi chamada para um tempo como este. Você foi abençoada para um tempo como este.

Os seus dons abrirão espaço para você. Procure agora por novas formas de expressar seu talento natural e seus dons espirituais e eu irei mostrá-la aonde ir. Você encontrará uma acolhida calorosa. Mas siga em frente em humildade e lembre-se, nós lhe demos tudo o que tem para fazer a nossa vontade.

1Pedro 4:10; Romanos 12:6; 1Coríntios 12:1,4-11;

Oração

Obrigada pelos dons e talentos que tu me deste. Comprometo meu coração a usá-los de acordo com tua vontade e para a glória de Cristo. Mostra-me as formas de exercitar esses dons dados por Deus. Dá-me as oportunidades para glorificar a Jesus.

Eu amo você

A VERDADE É QUE eu amo você. Sempre amei você. Sempre amarei você. Eu amo você com uma sinceridade no coração que me leva a viver com você, aconselhar, confortar, e até convencer seu coração quando começa a se desviar do meu amor.

O Pai ama você por completo. Jesus ama você com paixão. Nosso amor é perfeito. Nosso amor por você não irá falhar. Nada separará você do nosso amor. Receba nosso amor hoje.

ROMANOS 8:31-39; 1CORÍNTIOS 13:8; 1JOÃO 4:19;

Oração

Obrigada por teu amor. Tu me amaste antes mesmo de eu ter te amado — e jamais deixarás de me amar. Dá-me uma unção para te amar mais — e para amar as pessoas ao meu redor mais e mais. Quero que meu amor aumente e seja abundante.

Eu lhe direi quando responder

Às vezes, não vale a pena responder a quem se opõe a você — e, às vezes, você deve. Olhe para Jesus. Muitas vezes ele acabou com os mal-entendidos dos fariseus e saduceus quando tentaram jogá-lo em uma armadilha com as Palavras. Você pode imaginar o orgulho que havia neles por tentar fazer uma armadilha com a Palavra de Deus com as palavras humanas? Às vezes, Jesus respondeu. Outras vezes, Jesus ficou calado em sua própria defesa — mesmo quando sua carne e seu sangue estavam em risco. Então seja tardia para falar, e eu colocarei as palavras em sua boca e darei uma unção quando desejo que você responda.

Marcos 12:13-17; Marcos 14:61; Lucas 21:15;

Oração

Dá-me a sabedoria para saber quando manter a minha boca fechada e quando responder aos meus acusadores. Quando tu quiseres que eu fale, por favor, ensina-me o que dizer. Coloque as palavras certas em minha boca. Quero que todas as palavras que eu fale estejam de acordo com tua vontade.

24 de setembro

Eu amo quando você tem tempo para mim

Muitas pessoas no mundo, até mesmo que chamam Jesus de Senhor, correm para atender os cuidados da vida e desprezam as coisas do Espírito. Eu fico muito feliz quando você faz um esforço de passar tempo comigo. Isso emociona meu coração. Eu amo quando coloca de lado as coisas que tentam desviar a sua atenção do nosso tempo juntos — quando você diz "não" para aquelas coisas e "sim" para o meu coração. Eu amo quando você para até mesmo por poucos minutos no meio do seu dia corrido para dizer "eu amo você."

Romanos 8:5; Lucas 21:34-25; Gálatas; 6:8;

→ Oração ←

Eu vou admitir que a agitação e o tumulto da vida — e as circunstâncias difíceis que surgem no meu caminho —, às vezes, me distraem da tua presença. Chacoalhe meu coração quando estiver me concentrando nas coisas erradas para que eu venha a colocar minha atenção de volta em ti.

Ore por aqueles que lhe fizeram mal

Eu sei que você é bondosa para se reconciliar com aqueles que lhe fizeram mal. Eu sei que você perdoou totalmente e não tem má vontade para com eles. Esse é a bondade do Pai em relação à sua criação. Seu coração de reconciliação nos comove. Mas aqueles que a magoaram podem ainda estar amarrados em sua própria amargura e derrotados por suas próprias mágoas. Então, continue orando por eles. Eu também os amo. Um dia, Jesus reconciliará tudo.

Mateus 5:23-26; Hebreus 12:14-15; Mateus 5:44; Colossenses 1:19-20;

Oração

Eu me esforço para manter a paz com todo mundo, mas nem todos querem manter a paz comigo. Estou preocupada com as almas deles, e eu as elevo para ti agora e te peço para derramar a graça do perdão em seus corações.

Eu cuido do seu coração

Eu não preciso de nada de você, mas quero uma coisa. Eu quero uma coisa. Sim, tem uma coisa que eu cuido. Eu cuido do seu coração. E eu não ficarei satisfeito com uma porção pequena. Continuarei a buscá-la até que você tenha se rendido à minha busca amorosa. Eu quero o seu coração por inteiro. Eu quero ele todo. Nós queremos ele todo. Nós a amamos com todo o nosso coração, amada. Nada pode separá-la do nosso amor.

Provérbios 23:26; Deuteronômio 6:5;
Romanos 8:38-39

Oração

Eu te dou meu coração por inteiro. Não esconderei nada de ti porque és digno de mais do que eu poderia dar. Mostra-me qualquer coisa em meu coração que está resistindo ao teu amor e eu me desviarei dela e voltarei para ti.

Pratique minha presença

Pratique minha presença. Esteja atenta que eu habito em você. Pense em mim ao longo do dia porque eu sempre estou pensando em você. Quando leva em conta minha presença, quando meu ser em sua presença está em primeiro lugar em sua mente, quando medita em mim, você sente minha vida. Você fluirá em minha graça, sabedoria, amor, bondade, paciência, nobreza e tudo o que eu sou. Pratique minha presença. Esteja atenta que eu habito em você.

Salmos 16:11; Salmos 27:8; Jeremias 29:13

Oração

Eu quero praticar tua presença. Envolve meu coração dia e noite e ensina-me como ser mais sensível à tua liderança. Quero que isso seja óbvio para todos ao meu redor que eu tenho estado em tua presença pelo fruto do Espírito que se manifesta em minha vida.

Deixe que o seu amor por mim a faça transbordar

Nunca estou tão perto de você, a não ser quando sua adoração a faz chorar.

Quando seu coração de amor começa a transbordar com expressões cheias de lágrimas, sei que viu minha glória; que provou da minha bondade e bebeu da minha fonte de graça. Sua fome e sede estão sendo saciadas e você está sendo preenchida de novo, renovada e recarregada. Onde está o Espírito do Senhor, ali há liberdade. Amo quando seu amor por mim a faz transbordar.

João 4:24; Salmos 34:8; 2Coríntios 3:17

Oração

Anseio encontrar teu coração de um modo novo, adorar-te em espírito e em verdade e avançar mais fundo em teu amor. Não deixe que isso seja uma experiência ocasional. Ajuda-me a resistir à minha carne e à minha mente divagante para te adorar completamente.

O Pai usará os ataques do inimigo para o seu bem

Sei que nem tudo que você tem passado tem sido agradável. Mas saiba disto: o Pai tem a sabedoria de usar até o que o inimigo queria para o seu mal para a glória do Senhor. Ele deseja usar até os ataques do inimigo para edificá-la, fortalecê-la, para finalmente usá-la para ajudar os outros. O Pai a retribuirá por todas as injustiças que enfrentou, se você permitir. Coloque cada uma nas mãos dele.

Você atravessará mais momentos no futuro que não são agradáveis, mas confie no Pai para transformá-los. Ele será glorificado em sua vida. Ele verá isso. Ele é bom.

Efésios 1:11; Gênesis 50:20; Romanos 12:19

Oração

Deleita meu coração saber que tu podes de alguma maneira mudar a tragédia em triunfo — e usar até os dias maus para construir o meu caráter. Ajuda-me a aceitar essas provações e injustiças, sabendo que crescerei em paciência e que tu irás solucionar as coisas de acordo com a tua vontade.

Eu quero seu coração por completo

Sua adoração a mim não muda meu coração por você. Meu coração sempre tem sido e sempre será perfeito em relação a você. Jamais a amarei em parte do que amo agora. Entretanto, quando me adora, isso muda o seu coração em relação a mim. Todas as vezes que adora em espírito e em verdade, isso faz seu coração ficar mais sensível a mim e lhe traz para mais perto do meu coração. Isso muda sua alma e fortalece seu corpo para me buscar a cada novo nível. Eu quero seu coração por completo.

Ezequiel 36:26; Salmos 51:10;
João 4:23-24; Mateus 5:8

Oração

Muda meu coração, Espírito Santo! Prova meu coração e minha mente. Prova-me e remova tudo o que impede o amor. Purifica o meu coração. Dá-me um coração cheio de fé que permanece em tua Palavra. Com todo o meu coração, clamo: responde-me e eu guardarei os teus estatutos.

Outubro

"O Espírito nos ajuda em nossa fraqueza, pois não sabemos como orar, mas o próprio Espírito intercede por nós com gemidos inexprimíveis.
E aquele que sonda os corações conhece a intenção do Espírito, porque o Espírito intercede pelos santos de acordo com a vontade de Deus."

— Romanos 8:26,27

Espírito ou carne?

Ser capaz de discernir os espíritos exige que você tenha um espírito de discernimento. Deduzir, supor, presumir ou supor de outra forma pode ser um exercício perigoso. Muitas vezes, o que pensa ser um espírito é meramente a carne.

Tenha cuidado de não perder o equilíbrio na esfera espiritual. A carne está em inimizade comigo. Eu luto contra a carne. Geralmente, o que está enfrentando não é um espírito, mas a natureza carnal de alguém se levantando contra você. As ações da pessoa podem ou não serem motivadas pelo espírito. Sempre me pergunte.

1João 4:1; 1Coríntios 12:7-11;
1Tessalonicenses 5:21

Oração

Não quero brincar de jogos de adivinhar no espírito, então preciso que tu me mostres o que precisas que eu veja. Ajuda-me a estar em equilíbrio com a Palavra de Deus para que eu não me abra para a decepção. Aumenta minha habilidade de discernir os espíritos.

CONFIAR SIGNIFICA NÃO TER TODAS AS RESPOSTAS

CONFIAR EM MIM significa não ter todas as respostas. Sei que gosta de ter tudo entendido antes do tempo, mas nem sempre é necessário, nem mesmo útil para ter todas as respostas adiantadas. Ter todas as respostas não necessita de confiança.

Muitas coisas acontecem nos bastidores. Ver essas coisas apenas distrairia seu coração. Eu a conduzirei através da paz. Você reconhecerá minha paz porque ela é espiritual, e não relacionada à alma, e é perfeita.

SALMOS 13:5; ISAÍAS 26:3-4; SALMOS 33:21

ORAÇÃO

Gosto de ter todas as respostas. Gosto de ter uma visão completa de tudo. Mas escolho confiar em ti, aquele que tem todas as respostas e tem uma visão completa de tudo. Ajuda-me a vencer minhas preocupações, minhas dúvidas e meus medos e confiar em ti com tudo o que sou.

Pense naquilo que Jesus fez por você

Pare e pense naquilo que Jesus, seu belo Salvador, fez por você. Ele foi pendurado numa cruz, nu, com pregos nas mãos e nos pés, sangrando, zombado, desprezado pelos homens, para pagar os preços dos seus pecados. Ele fez tudo isso por você porque ele a ama com paixão. Ele fez isso na esperança de ganhar seu amor.

Quando ele ganhou seu coração, ele lhe deu seu nome, sua Palavra, sua autoridade, sua vida eterna, sua mente e seu Espírito. Não há nada que Jesus não faria por você. Ele quis que eu lhe dissesse isso hoje e ele quer que se lembre disso todos os dias.

Hebreus 12:2-3; Romanos 3:25; Efésios 1:3-12

Oração

Obrigada por me redimires, me perdoares e me fazeres conhecer o mistério da tua vontade de acordo com teu prazer. Obrigada por me abençoares com todas as bênçãos espirituais. Ajuda-me a caminhar na plenitude daquilo que Cristo fez por mim.

4 de outubro

Que o seu homem espiritual assuma a liderança

Em que você se concentra depende de você, e só de você. E em que você se concentra de vez em quando parece ser maior do que é. Quando se concentra muito em um pequeno problema, sua mente começa a descer o caminho do "E se...?" e estipular as possíveis consequências. Quando começa a imaginar como será os lados de um diálogo complicado, você está se movendo no reino da alma em vez de se mover no reino do espírito. O Pai lhe fez com uma mente e intelecto, mas ele sempre quis que seu eu espiritual assuma o controle. Uma mente sem paz é uma mente que não está sujeita a mim.

Salmos 43:5; Hebreus 4:12; Romanos 8:6

Oração

Não quero aumentar os problemas. Quero te glorificar. Ajuda-me a não me envolver em raciocínios sem fim que me levam à preocupação e à aflição. Ajuda-me a manter minha mente longe das coisas deste mundo e ouvir o que tu estás dizendo a mim, assim posso ter paz.

Permaneça faminta por Deus

Um coração desesperado por Jesus é muito bonito. O som da sua adoração nos atrai para mais perto de você. Estamos mais perto de você do que imagina. Você é nosso tabernáculo de louvor. Atraímo-nos a você assim como você se atraiu a nós. Os momentos preciosos de comunhão com você dão-nos uma oportunidade de compartilhar nosso coração, preencher seu espírito e abençoar sua mente com uma revelação maior de quem você foi criada para ser.

Permaneça faminta. Permaneça sedenta. Todos os encontros conosco trarão edificação ao seu espírito. Somos abençoados quando você recebe nossa benção da intimidade.

Salmos 119:10; Isaías 26:9; Salmos 63:1

Oração

Minha alma anseia por ti assim como a alma de Davi ansiava, e não ficarei satisfeita com nada menos do que tua presença. Atrai-me à tua presença e mostra-me tua glória. Dá-me uma capacidade maior de receber a revelação de quem tu és e te buscarei ainda mais.

Cuidado com as raposinhas

Jesus, o seu Amado, está tomando conta de você com olhos de amor. Aqui está seu alerta: são as raposinhas que estragam as vinhas em que florescem seu amor. Cuidado com essas raposinhas — as ofensas e as acusações que o inimigo traz contra ele quando você está atravessando as provações, os argumentos errôneos que distraem seu olhar do coração de Deus, as palavras fúteis que não têm fé. Cuidado com as raposinhas que devoram sua intimidade com ele.

Cântico dos Cânticos 2:4; 2:15; Hebreus 11:6

Oração

Jesus é minha brilhante Estrela da manhã, o Alfa e o Ômega, o Príncipe da paz, meu Amado. Por favor, ajuda-me a livrar o jardim do meu coração das raposinhas que sufocam minha capacidade de receber seu amor. Ajuda-me a arrancar as ervas daninhas do meu jardim.

Os planos de Deus para você são bons

Quero que receba esta verdade: Jesus a abençoou com todas as bênçãos espirituais. Ele a escolheu a dedo antes de o mundo ter sido criado para ser santa e sem mácula diante dele. Ele a predestinou à adoção em sua família porque ele a ama. Você é redimida, reconciliada, perdoada e amada. Pense no que cada uma dessas palavras significa!

Jesus está preparando um lugar para você onde irá conhecê-lo plenamente. Até agora, estou a transformando em sua bela imagem, preparando-lhe para aquele dia. Quero que entenda quem Jesus é e quem você é, e conhecer todos os tipos de boas intenções de sua vontade. Seus planos para você são bons. Descanse nele.

Efésios 1:3-6; João 14:2-3; Salmos 62:5

Oração

Recebo essa verdade — ajuda-me a recebê-la totalmente. Sei quem sou em Cristo — ajuda-me a saber mais profundamente. À medida que coloco meu coração para meditar em tuas palavras, renova minha mente e mostra-me o caminho ao teu descanso sereno.

Você dará sua vida para estar mais perto de Jesus?

Jesus deu a vida dele para estar ao seu lado para sempre. Você dará sua vida para estar mais perto dele todas as horas? Jesus disse que quem deseja ser seu discípulo deve negar a si mesmo, tomar a cruz e segui-lo. Ele disse que quem quiser salvar a sua vida a perderá; mas quem perder a vida por causa dele, este a salvará.

Jesus disse que não há maior amor do que aquele que dá a sua vida pelos seus amigos. Ele a chama de "amiga". Você dará sua vida para estar mais perto dele agora?

Romanos 12:1; João 12:25; Lucas 9:23; João 15:13-15

Oração

Sim, eu darei minha vida. Assim como Paulo, considero-me crucificada com Cristo, e não mais eu que vivo, mas Cristo que vive em mim. Ajuda-me a render-me à tua perfeita vontade em todas as coisas, todos os dias, para que eu glorifique aquele que me ama.

Não se prenda aos erros do passado

Não há nada que você possa fazer acerca do passado. Não existe uma pessoa viva que não tenha cometido erros. Embora seja bom aprender com as decisões ruins que você fez, não é bom ficar presa a elas ao ponto da culpa, arrependimento e condenação. Você aprende, em parte, com seus erros.

Ore por aqueles que você pode ter ofendido com seus passos em falso, e deixe de se preocupar com eles. Arrependa-se das transgressões que pesam em seu coração. Então, libere-as. Comprometa-se a caminhar de forma cautelosa diante de mim. Perdoe-se e siga em frente. Você não é a única que cometeu erros custosos. Mas por que ficar pagando o preço para sempre? Arrependa-se e libere-os.

1João 1:9; Isaías 43:25; Salmos 103:12

Oração

Deixei que o Diabo me subjugasse pelos meus defeitos por muito tempo — mas não mais. Escolho receber teu perdão e caminhar nele. Escolho crer que tu removeste minhas transgressões e que tu não se lembras mais delas.

Mude o que você não gosta na sua vida

Se você não está feliz com sua vida, mude-a. Você tem a autoridade de mudar o que não gosta. Você pode mudar as rotinas, as agendas, os hábitos, os relacionamentos, as atitudes, as atividades e qualquer coisa que não se encaixe com seus objetivos, sonhos e propósitos.

A frustração que você sente não irá embora até que você mude alguma coisa — tanto a fonte da frustração, sua perspectiva nela ou sua atitude em relação a ela. Eu estou aqui, pronto para ajudá-la a refazer as coisas. Mas você tem que tomar a decisão.

Provérbios 19:21; Provérbios 16:9;
Salmos 54:4; Hebreus 4:16

Oração

Eu me arrependo de reclamar porque tua Palavra diz para darmos graças em todas as coisas e não nos queixarmos. Ajuda-me a priorizar minha vida de modo que te agrade. Dirige os meus passos no caminho que ordenaste para mim. Não me desviarei para a direita ou para a esquerda.

Eu sempre estou por você

Se eu sou por você, quem pode ser contra você? Se eu sou por você, que diferença faz quem é contra você? Eu sempre sou por você. Mesmo quando eu a convenço do pecado, eu ainda sou por você. Eu ainda a amo. É por isso que eu trago convicção — para trazê-la de volta ao meu coração. E quando a carne ou o sangue ou os principados e potestades se levantarem contra você com acusações, ficarei do seu lado e com você. Confie em mim. Não se defenda sozinha. Eu sou o seu Advogado. Eu sempre estou do lado da verdade pois eu *sou* o Espírito da verdade. Ninguém pode permanecer contra minha verdade.

Romanos 8:31; Hebreus 13:6; Salmos 27:1-3

Oração

Obrigada por sempre estares do meu lado — e ao meu lado. Tua verdade é um escudo, e eu caminharei nela. Por favor, ajuda-me a lembrar que tu és o socorro presente na hora da angústia para que eu me volte a ti e não dependa do meu próprio entendimento.

Espere coisas boas todos os dias

Comece a procurar por evidências do meu amor por você. Comece a procurar pelas minhas bênçãos em sua vida. Comece a procurar pelas maneiras que eu estou agindo nos bastidores. Eu sempre amarei você. Quero que reconheça e receba meu amor. Quero que seja diligente e grata, assim você pode compartilhar minha bondade com os outros que não me conhecem do modo que você me conhece. Quero que espere coisas boas todos os dias — e declarar minha vontade sobre sua vida. Comece a olhar, e você verá uma nova dimensão da minha presença em sua vida.

Números 6:24-26; Tiago 1:17; Filipenses 4:19

Oração

Eu sei que tu estás me abençoando mais do que percebo. Ajuda-me a não ignorar as tuas bênçãos, os teus dons, o teu amor, a tua graça, a tua unção e a tua presença. Ajuda-me a te surpreender no ato da bênção para mim para que eu te agradeça alegremente.

Você sabe a coisa certa a fazer

Às vezes, a razão pela qual é difícil tomar uma decisão não é porque a decisão em si é difícil. Mas porque simular a decisão é difícil. Às vezes, eu a vejo hesitar porque não quer magoar ninguém. Essa é a atitude correta, mas busque a mim e coloque as pessoas envolvidas em minhas mãos. Obedeça-me.

Às vezes, você se contém por causa do medo do desconhecido. Siga-me. Obedeça-me. Você está em minhas mãos. Você sabe a coisa certa a ser feita. Discernir o certo do errado é simples. Seguir em frente parece ser difícil, mas lembre-se que eu estou com você. Eu irei ajudá-la.

Tiago 2:14-16; Isaías 41:10; Hebreus 5:14

Oração

Obedecer-te exige ação porque a fé sem obras é morta. Dá-me a força e a coragem de seguir através das decisões difíceis, principalmente quando se trata das mais próximas de mim. Quero te agradar mais do que agradar as pessoas.

A humildade não luta pelos seus direitos

NÃO BUSQUE SE proteger. O Pai é o seu protetor. O amor não procura seus interesses. Sei que é difícil falar ou simular quando as pessoas estão pisando em seus direitos visíveis. Mas um espírito humilde desiste do que ele merece. A humildade não luta pelos seus direitos.

Tome Jesus como exemplo, que renunciou a tudo que lhe pertencia por sua causa. O Pai o justificou e o abençoou com mais do que ele abriu mão. O Pai irá justificá-la da mesma forma — mas você tem que sair do meio do seu caminho. Busque o caminho da humildade e você encontrará o que realmente quer.

SALMOS 121:7; FILIPENSES 2:8; ISAÍAS 54:17

Oração

Espírito Santo, dá-me a graça da humildade. Eu escolho renunciar meus direitos e me humilhar como Cristo se humilhou. Eu sei que, se eu me humilhar, tu irás me exaltar sobre os meus inimigos. Dá-me um espírito paciente para que eu espere em tua justificação, em paz.

Caminhe no tempo de Deus

Esperar no Senhor é quase uma arte perdida nesta geração de gratificação instantânea. A cultura tem iludido muitas pessoas a buscarem os objetos caros que chamam sua atenção — a qualquer custo. Mas quanto a você, espere em mim. Espere até eu lhe mostrar como caminhar e quem trazer consigo. Separe-se como alguém que caminha no tempo do Pai, não ficando para trás, mas também não passando na frente. Você encontrará uma paz maior, uma unção maior e um sucesso maior se esperar em nós para lhe mostrar quem, o quê, quando, onde, por quê, e como.

Romanos 8:25; Salmos 37:7-9; Romanos 5:1-4

Oração

Não quero ser impaciente. Ajuda-me a manifestar o fruto da paciência em minha vida, para que eu venha a ser um exemplo aos outros que estão me observando enquanto eu espero pelas promessas do Pai e atravesso as provas de fogo. Eu me comprometo a esperar em ti em todas as fases.

Você foi feita para amar

Você foi feita para amar — então *ame*! Você foi criada para me amar — então me ame. Recuse tudo que impede o amor. Rejeite qualquer voz que distrai seu coração do amor. Beba em meu amor, que é melhor que o vinho. Receba o amor que derramarei sobre você — e então derrame-o nos outros.

Há amor mais do que suficiente para compartilhar. Seja liberal com seu amor. Seja abundante com seu amor. Seja extravagante com seu amor. Lembre-se que ele começa comigo. Você nos ama porque nós a amamos primeiro.

Cântico dos Cânticos 1:2; João 13:34; 1João 4:19

Oração

Obrigada por teu amor. Ensina-me como amar melhor — como te amar melhor, como me amar melhor e como amar melhor aos outros. Eu quero amar do modo que tu amas. Ajuda-me a caminhar em amor, falar a verdade em amor e ter pensamentos amorosos.

Peça e continue pedindo

Quando você pede ao Pai por aquilo que ele já deseja lhe dar, ele se deleita. Existem respostas de oração que ele está guardando para o momento certo. Mas existem outras respostas que ele deseja dar agora, neste exato momento: peça-lhe por uma revelação maior de seu coração. Peça-lhe para lhe mostrar sua misericórdia. Peça-lhe para compartilhar sua sabedoria. Essas revelações pertencem a você e elas são para você pedir. Então, peça e continue pedindo porque seu poço de revelação jamais secará.

Mateus 6:8; 1João 5:14; Mateus 7:7-8

→ Oração ←

Sim, eu quero as revelações maiores do coração do Pai para mim, e sua misericórdia, e sua sabedoria, e sua graça, e sua força, e seu Filho, e sua glória. Eu me comprometo a pedir por essas revelações e esperar pelas suas respostas.

Reaja na direção certa

A inveja é feia e faz as pessoas se comportarem com você com amargura. Caim teve inveja de Abel e o matou. Então, não fique surpresa quando as pessoas invejosas tentarem matar sua reputação com o poder da morte de suas línguas. A inveja faz o homem ficar furioso e vingativo. A inveja faz os ossos apodrecerem.

Quem pode resistir à inveja? Muitas vezes, quando as pessoas se levantam contra você, elas se entregaram à obra da carne. Reaja com bondade e brandura não permitindo que uma direção errada provoque uma reação errada sua.

Salmos 6:4; Gênesis 4:8; Provérbios 27:4; Gálatas 5:19-21

Oração

Eu concordo com tua Palavra e me comprometo a agir na direção oposta quando as pessoas ciumentas e invejosas se levantarem contra mim. Tudo o que eu peço é que tu me dês a graça de ter compaixão e misericórdia diante daqueles que buscam me fazer o mal.

Combata a pressão com a paz de Deus

A PRESSÃO VIRÁ. O mundo traz a pressão demoníaca que busca oprimir sua alma. Quero ensinar-lhe como reconhecer essa estratégia e resistir às emoções negativas que ela produz.

A pressão pode vir das pessoas. A pressão pode vir das circunstâncias. A pressão pode vir das forças espirituais. Não a receba. Resista-a, levante-se contra ela. Caminhe na graça e na paz que habita em seu espírito. Sim, combata a pressão do mundo e do inimigo com a paz de Cristo que excede todo o entendimento. Ela guardará seu coração e sua alma.

PROVÉRBIOS 24:10; 2CORÍNTIOS 2:11; TIAGO 4:7

Oração

Por favor, ensina-me. Ensina-me como evitar a sensação de ser oprimida e aceitar a tua paz em meio à pressão. Ajuda-me a não ceder sob a pressão das pessoas, às circunstâncias ou aos inimigos espirituais e escolher o caminho da paz.

Veja Jesus como ele realmente é

Simplesmente olhe para Jesus. Medite nele e quem ele é. Não olhe para a direita nem para a esquerda. Mantenha seus olhos diretamente em Jesus, o seu Noivo, seu Rei, seu Salvador, sua Brilhante Estrela da Manhã, seu Lírio dos Vales, sua Rosa de Sarom, aquele que a faz andar de cabeça erguida, o Amado da sua alma, seu Médico, seu Libertador, seu Justificador, seu Tudo. Jesus é tudo que você precisa e *tem* tudo o que você precisa. Ele derrotou a morte por você. Medite em sua glória. Ela renovará sua mente.

João 3:29; Salmos 3:3; Salmos 18:2

Oração

A vida surge com muitas distrações e preocupações válidas que exigem minha atenção. Porém, tu tens as respostas para todos os meus problemas que enfrentarei. Ajuda-me a meditar em ti e na tua Palavra em vez de meditar nas distrações e preocupações.

Você é quem Jesus diz que você é

Você não é quem os seus inimigos dizem que você é. Não é o que o mundo diz que você é. Nem é o que os seus amigos e família dizem que é. Você é quem Jesus diz que você é. Você é completa nele. É santa e sem culpa diante dele.

Você reina em vida. Pode fazer todas as coisas que ele a chamou para fazer. Você foi criada para as boas obras. É abençoada, justa e viva nele. É uma vencedora, mais do que uma conquistadora. Você é sua embaixadora na terra e uma herdeira com ele. Creia nisso.

Colossenses 2:10; Efésios 1:2-4; Romanos 5:17

Oração

Eu creio no que a Palavra diz sobre mim, mas minhas ações nem sempre se alinham com o que eu digo acreditar. Preciso que tu me ajudes a extirpar as ideias erradas sobre mim mesma seja lá de onde elas venham. Por favor, ajuda-me a ver a mim mesma do modo que tu me vês.

Pense nas coisas que preocupam a Deus

Pare de pensar nas coisas que a preocupam — os desafios, os problemas, os erros — e comece a pensar nas coisas que preocupam a Cristo e ao seu Reino. Eu garanto a você que, se mudar o seu foco de si mesma para ele, ele dará sua atenção para aquelas coisas que a preocupam. Ele já a protegeu. Ele tem seus desafios e problemas solucionados e está resolvendo todos eles para sua melhoria, enquanto você permanece em oração. Então, preocupe-se com uma coisa — segui-lo totalmente — e confiar que ele se importa com o que você se importa. Ele não a deixará desprotegida.

Hebreus 13:6; Romanos 8:28; Salmos 121:3

Oração

Não quero ser egoísta. Quero ser generosa.
Estou determinada a tirar a mim mesma
da minha mente e manter minha mente em
ti — e ajudar as pessoas conhecerem aquele
que as ama. Ajuda-me a me concentrar em ti
em vez de me concentrar em mim mesma?

Não se ofenda quando as pessoas não a valorizam

É errado quando as pessoas não dizem "obrigado" pelos dons que derramam e pelo tempo que gasta orando por elas. Mas não deixe que isso a ofenda. Não se ofenda. Quando doar, doe como o Senhor, esperando nada em troca — nem mesmo um "obrigado". O Pai vê o seu coração e retribuirá pelo bem que ele a chama para fazer.

Muitas pessoas são ingratas nesses dias. Mas não há nada de novo. Mesmo nos tempos bíblicos, somente um dos dez leprosos que Jesus curou voltou para agradecer a ele. Se as pessoas não o valorizaram, não fique surpresa quando elas não a valorizarem. Mas eu a valorizo. Que isso seja suficiente para você.

Provérbios 19:11; Efésios 6:7; Lucas 17:11-19

Oração

Às vezes, eu sinto como se eu estivesse sendo desprezada, mas eu sei que tu vês e valorizas as coisas que eu faço. Faz-me lembrar que não estou fazendo as coisas para os homens para ganhar a aprovação deles, mas para Deus, para te agradar. Que o meu coração esteja contente com esse objetivo.

Quero que vivencie um nível mais profundo do meu amor

Você realmente não tem ideia de quanto eu a amo. Quero que vivencie um nível mais profundo do meu amor. Quero que prove e veja a bondade do Pai e entenda seu coração de amor por você. Quero que sinta o peso da paixão de Cristo por você e receba um vento novo de seu amor. Quero que fique maravilhada pelo nosso amor — profundamente perdida em nosso amor — e ganhe uma nova revelação do nosso coração. Fique mais um pouco comigo nesta manhã e me encontre de novo mais tarde, hoje à noite. Nós amamos você.

João 3:16; Romanos 5:8; Gálatas 2:20

Oração

Eu não arranhei a superfície do teu amor. Ajuda-me a cavar mais fundo. Ajuda-me a avançar em teu coração. Ajuda-me a compreender a largura, o comprimento, a altura e a profundidade do teu amor por mim.

Suas provações são apenas temporárias

Garanto a você que as provações que enfrenta são apenas temporárias. Elas passarão. Tente se lembrar disto: a prova da sua fé produz perseverança e muitos outros bons frutos quando compromete seu coração a obedecer meu Espírito e minha Palavra. Esteja com a mente preparada e derrube aqueles argumentos inúteis. O Pai está no controle e não permitirá vir mais sobre você do que possa suportar. Ele a fortaleceu para qualquer e todas as provações que vier a enfrentar. Ele nunca a abandonará nem a desamparará. Dependa de mim. Eu a levarei para um lugar melhor. Somente creia.

Tiago 1:2-3; Hebreus 10:35-36; 2Coríntios 12:9

Oração

Fortaleça meu ser interior para que eu seja capaz de resistir às provações e testes que surgem no meu caminho neste mundo — e não somente resistir, mas também se alegrar neles. Mude minha perspectiva sobre as provações e tribulações para que eu possa reagir de acordo com tua Palavra.

Que minha vontade seja feita

Se você permitir que minha vontade seja feita, finalmente terá a sua vontade feita. Posso não ser aquilo que você está pintando em sua própria mente neste momento, mas eu lhe garanto que se você se render a mim em todas as suas decisões, receberá o que está na mente de Cristo e no coração do Pai. O Pai coloca desejos piedosos em seu coração e então ele cumpre esses desejos. E você conhece o caminho para a manifestação dos seus desejos! Se permitir que minha vontade seja feita, você finalmente terá a sua vontade feita.

Mateus 6:9-13; Efésios 5:17; 1Pedro 3:17

Oração

Seja feita tua vontade em minha vida! Seja feita a sua vontade em minha família! Seja feita sua vontade em minha cidade! Eu sujeito minha vontade à tua vontade em todas as coisas e te peço para me mostrar como caminhar em tua vontade sempre. Eu declaro que tu és Senhor em todas as áreas da minha vida.

Eu amo orar com você

Eu amo associar-se com você em oração. Amo interceder por você. Eu amo fazer orações perfeitas ao Pai em seu nome, sabendo que se alegrará quando vir as respostas choverem do céu. Isso me emociona. Eu amo quando seus ouvidos escutam a vontade do meu coração e você ora no reino natural. Eu amo ver suas orações conduzidas pelo Espírito trazer a vontade do Pai para a terra como no céu. Gostaria de associar-se comigo em oração agora? Juntos podemos fazer história.

Romanos 8:26-27; Efésios 6:18; Judas 1:20

Oração

Tu me inspiras para orar. Tu me ajudas a orar. Tu me ensinas a orar. Sou tão grata por fazeres orações perfeitas em meu nome. Derrama um espírito de oração em meu coração para que eu seja compelida a orar contigo mais e mais.

28 de outubro

JESUS MORREU PARA QUE VOCÊ POSSA VIVER

LEMBRE-SE DISTO HOJE: Jesus morreu para que você possa viver. Ele foi crucificado, então ele pode viver em você e através de você para trazer mais almas perdidas ao seu Reino. Lembre-se do que Paulo disse à igreja da Galácia. Ele tinha a revelação de que ele foi crucificado com Cristo e que sua vida não era mais dele. Ele entendeu que Cristo vivia nele e que ele vivia sua vida pela fé no Filho de Deus, que o amou, morreu por ele, e ressuscitou por ele. Tenha o mesmo pensamento e caminhe nessa verdade.

GÁLATAS 2:20; 1CORÍNTIOS 1:23; 1CORÍNTIOS 15:3-4

ORAÇÃO

Quero a revelação que Paulo teve sobre o Cristo crucificado — e o Cristo ressuscitado. Quero me render completamente a ele e viver minha vida para a sua glória. Dá-me a graça de aceitar a obra da cruz e carregar minha própria cruz à medida que escolho morrer para mim mesma diariamente.

Vamos juntos atravessar o dia

Existem muitas pessoas e coisas competindo pela sua atenção hoje em dia. Algumas dessas pessoas e coisas tentarão desviá-la do meu coração — para distraí-la da minha presença. Algumas delas irão tentá-la a reagir de uma forma que não glorifica a Deus. Você não tem que ceder. À medida que atravessa o seu dia, tenha em mente o quanto eu a amo. Pergunte-me o que eu penso sobre as situações que surgem. Peça-me ajuda para superar os desafios. Vamos juntos atravessar o dia. Será maravilhoso!

Mateus 26:41; 2Timóteo 2:22; 1Pedro 2:11

Oração

Sei que não estou lutando contra a carne e o sangue, mas o inimigo usará as pessoas e as circunstâncias para me tentar a caminhar na carne em vez de seguir o teu Espírito. Por favor, ajuda-me a não cair nas armadilhas do inimigo. Ajuda-me a seguir a tua direção.

Escolha a perspectiva correta

Você pode escolher sua perspectiva. Sua experiência de vida fez sua mente natural ter uma perspectiva. Mas você tem a mente de Cristo e a Palavra de Deus. Elas a oferecem a você a nossa perspectiva sobre as questões da vida. O inimigo tentará vender para você sua perspectiva sobre os fatos que desdobram em sua vida. Não compre suas visões malignas. Pelo contrário, escolha pela sua vontade olhar para a vida através das lentes da Palavra e através dos olhos da eternidade. Você será mais alegre, mais sábia, mais forte e mais poderosa.

1Coríntios 2:16; Gálatas 5:1; Romanos 8:7-9

Oração

Ajuda-me a guardar meu coração porque o que permito entrar nele molda a minha vida. Quero que minha vida seja moldada pelo teu Espírito e tua Palavra. Por favor, rompe com tua perspectiva nas coisas quando não estou vendo claramente.

31 de outubro

ALINHE-SE COMIGO

ESCOLHER ALINHAR o seu coração com o meu no começo de cada dia é uma das decisões mais sábias que você pode tomar quando acorda. O inimigo não descansa, e ele não perde tempo em falar para a sua alma sobre as ansiedades dessa vida, geralmente antes de você sair da cama de manhã.

Alinhe seu coração e sua mente com meu coração e minha mente a cada manhã. Lance suas ansiedades sobre Cristo à medida que elas surgirem e saiba que todas as suas necessidades estão supridas. Se eu não penso em algo, você também não deve pensar.

JOÃO 8:32; 1JOÃO 5:4; FILIPENSES 4:8

ORAÇÃO

As ansiedades deste mundo vêm à minha mente assim que eu acordo. Ajuda-me a concentrar novamente meu coração em buscar o Reino e viver na justiça de Cristo. Ajuda-me a rejeitar os pensamentos inquietantes e opressores que o inimigo oferece.

Novembro

"Está escrito: 'Olho nenhum viu, ouvido nenhum ouviu, mente nenhuma imaginou o que Deus preparou para aqueles que o amam'; mas Deus o revelou a nós por meio do Espírito. O Espírito sonda todas as coisas, até mesmo as coisas mais profundas de Deus. Pois, quem dentre os homens conhece as coisas do homem, a não ser o espírito do homem que nele está? Da mesma forma, ninguém conhece as coisas de Deus, a não ser o Espírito de Deus."

— 1Coríntios 2:9-11

Eu sou o seu Auxiliador

Quando você tem um dia cheio ou ruim e se esquece de me visitar, eu sinto falta do nosso tempo juntos. Espero ansiosamente por nossa comunhão. Embora eu esteja sempre com você e sempre pensando em você e intercedendo por você, anseio ouvir sua voz dizendo-me o que está dentro do seu coração e pedindo minha ajuda. Eu sou o seu Auxiliador e me deleito em ajudá-la. Lembre-se, principalmente nos dias ocupados e nos dias maus, eu estou aqui para ajudar. Eu sempre estou aqui por você, eu posso transformar seus dias maus em dias bons se vier a se concentrar em minha bondade em vez de se concentrar na ocupação e na maldade.

Tiago 1:5-8; Salmos 27:13; Salmos 145:9

Oração

O teu amor toca o meu coração. É difícil imaginar que me amas tanto. Ajuda-me a lembrar de te pedir — aquele que me ama, aquele que se deleita em mim, aquele que Jesus enviou para me ajudar — por tua suficiente graça.

Eu amo você em sua fraqueza e em sua força

As coisas que a chateiam não me chateiam, porque eu vejo a solução. Vejo a possibilidade de crescimento para você. Vejo a oportunidade para você aprender mais sobre Cristo. As coisas que a chateiam sobre si mesma também não me chateiam. Eu a vejo através do sangue de Jesus. Posso convencer seu coração quando se desvia dos princípios do amor, quando cai nas obras da carne, mas não estou aqui para condená-la. Estou aqui para levá-la de volta à graça de Cristo e para o perdão do Pai.

2Coríntios 5:17; Efésios 4:24; 2Coríntios 12:8

Oração

Obrigada pelo dom da justiça em Cristo que permite me veres sem culpa. Ajuda-me a ver a mim mesma do modo que tu me vês para que eu possa me levantar em minha verdadeira identidade em vez de atolar em autocrítica quando falho em caminhar em fé.

Renda-se a mim no deserto

Quando você se vê num deserto, é possível que eu tenha a levado até lá para mostrar algo sobre si mesma. Ou é possível que tenha se desviado do meu caminho perfeito e ido para um lugar de provação e tentação. Você discernirá o motivo pela fase quando parar de lutar e começar a se render a mim. Irei lhe mostrar o que precisa ver e dizer porque você está no deserto, se precisar saber. Garanto que irei conduzi-la para fora na hora certa. Renda-se a mim. Aprenda comigo.

Hebreus 2:18; Hebreus 12:11; Provérbios 12:1

Oração

Não gosto de estar em um lugar deserto, mas entendo que tens um propósito para cada período. Quando eu me encontrar no deserto, por favor, ajudai-me a lembrar de tuas palavras. Ajudai-me a aprender rapidamente o que estás tentando me ensinar.

Peça-me para lhe mostrar os meus caminhos

Veja a minha ação em sua vida e na vida dos outros e começará a entender os meus caminhos. Quando aprender os meus caminhos, entenderá melhor o meu coração. Quando entender melhor o meu coração, renderá mais da sua vida à minha vontade. Meus caminhos são mais altos que os seus caminhos. Mas você pode aprender como eu ajo e descobrir mais sobre mim estudando os meus caminhos. Peça-me para lhe mostrar os meus caminhos. Atenderei esse desejo do seu coração com revelação.

Isaías 55:8; Salmos 18:30; Salmos 25:4

Oração

Espírito Santo, ensina-me os teus caminhos. Mostra-me os teus caminhos. Ajuda-me a ver como tu ages em minha vida e na vida dos outros perto de mim. Abre as cortinas e deixa-me ver o modo que tu ages em sabedoria, graça, bondade, paciência, misericórdia e verdade.

NÃO SE CANSE DE FAZER O BEM

VEJO O CANSAÇO da sua alma de vez em quando. O inimigo vem para cansá-la e desgastá-la. Mas não se canse de fazer o bem porque você colherá uma grande recompensa, se você suportar. Todas as provações, tribulações e problemas são apenas temporários. Mesmo se durarem sua vida toda nesta terra, eles seriam apenas temporários — e não durarão a vida toda. Tenha em mente que a eternidade a aguarda, e as recompensas celestiais são suas. Continue avançando em fé. Continue lutando para permanecer no caminho. Estou aqui para ajudá-la, e lhe garanto que vai valer a pena.

GÁLATAS 6:9; APOCALIPSE 2:3; HEBREUS 12:3

ORAÇÃO

Jesus aguentou e resistiu à tentação de fazer sua vontade mesmo quando isso significava ir para a cruz. Sou tão grata por ele não ter se cansado de fazer o bem. Por favor, dá-me um coração que suporta e uma unção para continuar avançando apesar de quaisquer adversidades que eu enfrente.

Deus quer que peça aquilo que precisa

O Pai sabe do que precisa antes mesmo de o pedir. Mas Jesus a incentiva a pedir, porque a dependência do Pai a trará mais perto de seu coração. Ele é o seu provedor, e não irá reter nada de bom de você. Nenhuma pessoa ou demônio pode impedi-la de receber o que o Pai quer que você tenha. Só você pode parar o fluxo por não pedir, ao pedir com uma fé oscilante ou pelos motivos errados, ou por desistir. O coração do Pai está aberto a você. Somente creia e aja por fé todos os dias.

Mateus 6:8; João 14:14; Tiago 4:3

Oração

Nem sempre peço pelo que preciso porque acho que posso fazer as coisas acontecerem sozinha. Aviva meu coração para pedir e continuar pedindo — e ajuda-me a pedir pelas coisas certas com a direção certa. Quero pedir e receber, então minha alegria será completa.

A pressão molda você à imagem de Cristo

Às vezes, quando eu a conduzo e a guio, você se sentirá contraída, pressionada, espremida, esticada. É porque entrou na porta estreita. Essa porta irá levá-la ao caminho da vida eterna, mas há pressão ao longo do caminho para permanecer obediente. Sua carne não gosta disso. A pressão ajuda você se adequar à imagem do seu belo Salvador. Às vezes, embora pareça mais do que possa suportar, a pressão não irá esmagá-la ou prejudicá-la de modo algum. Irá moldá-la e desenvolvê-la à imagem de Cristo. Irá prepará-la para o próximo nível de glória que estou a levando.

Mateus 7:13-14; Romanos 8:29; 2Coríntios 3:18

Oração

Às vezes, sinto a pressão vindo de dentro e de fora. Ajuda-me a discernir a diferença entre a pressão do inimigo e a pressão que vai me mudar de glória em glória. Ajuda-me a colaborar com o teu Espírito.

Segure-se em mim

Quando parece que tudo ao seu redor está desabando, estenda sua mão para mim. Segure minha mão. Irei levá-la de volta à Rocha da sua salvação, para a esperança que firma sua alma, para a paz que excede todo o entendimento e guarda sua mente e seu coração em Cristo Jesus. Segure-se mim porque eu me seguro em você. Tudo ao seu redor pode estar desabando, mas os justos jamais serão desarraigados. Essas coisas que a detém podem afrouxar, mas você está num solo firme. Segure-se em mim quando tudo desabar.

Salmos 112:6; Salmos 62:2; Provérbios 10:30

Oração

Sou tão grata que tu te seguras a mim e não vou deixar isso passar. Ajuda-me a não te deixares quando as provações da vida abalarem meu mundo e tentarem roubar minha paz. Ajuda-me a segurar firmemente.

Gosto de estar com você

Sabe do que eu gosto de verdade? De somente sentar-me com você. De somente inundá-la com meu amor. Apenas observando a paz que vem sobre você quando sente a minha presença. São aqueles momentos tranquilos, quando o que está lá no fundo clama que eu aprecio. Durante esses momentos, a ligação entre nós é forte. Sei que a amo e sei que você me ama sem que nenhum de nós fale uma palavra sequer. Eu gosto de você.

Salmos 47:7; Lamentações 3:26; Salmos 62;5

Oração

Gosto de tua presença mais do que as palavras podem expressar. Tu deleitas a mim. Ajuda-me a alcançar aquele lugar de estar calma, sabendo que tu és Deus mesmo quando o tumulto e a confusão do mundo ao meu redor exigem a minha atenção.

Quero dar-lhe mais

Eu vejo quando você se doa, doa, doa. Você se doa de bom grado ao seu local de trabalho, à sua família e à família da fé — e até mesmo àqueles que não fazem parte da família da fé. Você doa generosamente seu tempo, seu dinheiro — e seu coração. Eu amo isso. E quero dar-lhe mais para doar. Receba de mim agora a graça para continuar doando. Contanto que sua doação seja motivada pelo amor, sempre terá mais para compartilhar com os outros.

2Coríntios 9:7; Gálatas 6:10; Lucas 6:38

Oração

Sei que amas um doador alegre — e eu amo dar com alegria. Obrigada por me dares sementes para semear. Por favor, dá-me mais e mais para que eu alcance mais pessoas com teu amor, tua graça e tua provisão.

Concentre-se naquilo que eu a chamei para fazer

Você é um vaso de honra. O Pai a criou desse jeito. Não olhe para aquilo que os outros podem fazer ou não. Não fique chateada por aquilo que eles fazem ou não. Não fique frustrada quando as pessoas ao seu redor não estão vivendo seu potencial em Cristo, mesmo quando isso signifique que você tem que preencher a lacuna. Eu lhe dei dons e habilidades que são únicos ao seu chamado. Então, concentre-se naquilo que eu a chamei para fazer e ore por aqueles ao seu redor que não entendem seus papéis como vasos de honra.

2Timóteo 2:21; 2Pedro 1:10; Efésios 4:1-3

Oração

Quero caminhar de um modo digno do meu chamado em Cristo, com humildade e nobreza, suportando os outros em amor e trabalhando pela unidade e pela paz. Tu irás me dar a graça de caminhar como um vaso de honra e permanecer em oração?

Nunca a abandonarei

Eu sempre estou com você. Mesmo quando atravessa fases de sequidão — mesmo quando se sente longe de mim — eu estou com você. Você pode não sentir minha presença. Pode não ouvir minha voz. Mas saiba disto: nunca abandonarei aqueles que me amam. Nunca a desampararei. Não a deixarei indefesa e sozinha. Eu sempre estou orando por você. Sim, eu estou com você.

Cântico dos cânticos 3:1; João 11:6; Salmos 22:2

Oração

Obrigada por incentivares o meu coração com o conhecimento da tua presença mesmo quando parece que o teu silêncio é ensurdecedor. Por favor, ajuda-me a sondar meu coração, mostra-me se há algum caminho mau em mim e conduz-me ao caminho eterno.

Não recue da guerra

Você está em uma guerra. Mas a batalha da fé é boa. Não recue da guerra. Não duvide do poder que apoia a sua fé. Sejam quais forem os principados e potestades ou outras forças malignas que a atacam, você continua mais do que vencedora em Cristo que ama você. E lembre-se disto: o Senhor é guerreiro. O Senhor é o seu nome. E você é seu soldado na guerra. Então prepare-se para a luta porque você está em uma batalha espiritual. Você tem a vitória. Tudo o que tem que fazer é impor essa vitória.

1Timóteo 6:12; Romanos 8:37; Êxodo 15:3;
Jeremias 51:20

Oração

Permanecerei e lutarei o bom combate da fé com a garantia de que eu venço. Dá-me uma revelação maior do poder que tenho em nome de Jesus. Abre os meus olhos e mostra-me o exército celestial que está lutando comigo. Dá-me a força para permanecer e resistir.

O seu amor por nós emociona nosso coração

Eu sei que você me ama. E emociona meu coração ver o seu amor por mim ser cada vez maior. Você me ama porque eu a amei primeiro. Jesus derramou seu sangue por você, e eu derramo o meu amor em seu coração. Porém, você escolheu derramar esse amor em nós com tal sinceridade de coração que isso nos faz entrar em uma grande troca que lhe permite receber mais à medida que você doa mais. Sabemos que você nos ama. O seu amor por nós emociona nosso coração.

João 14:21; 1João 5:3; João 15:10

Oração

Eu realmente te amo — eu te amo com o melhor que sei. Ajuda-me a te amar mais. Eu quero te amar com um amor perfeito — o tipo de amor que tu tens por mim. Eu sei que minha carne e minha teimosia ficam no meio do caminho, mas eu me comprometo a aprender te amar mais. Por favor, ajuda-me.

Não se preocupe com o amanhã

Você vai ficar bem. Eu sei que, de vez em quando, você fica ansiosa com o que o futuro lhe reserva. Mas você não tem que se preocupar porque o Pai tem o seu futuro em suas mãos, e seus pensamentos em relação a você são bons. Tenha certeza que ele planeja fazer você prosperar e não lhe causar dano. Ele planeja dar-lhe uma esperança e um futuro em seu Reino que está muito acima de qualquer coisa que você pode até sonhar. Então, não se preocupe com o amanhã. A nossa graça é suficiente.

Jeremias 29:11; Provérbios 12:25; Jeremias 17:7-8

Oração

Eu creio em ti. Tu és bom. Eu lanço meus fardos, medos, preocupações e ansiedades sobre o futuro em ti. Comprometo-me a ter pensamentos esperançosos sobre o futuro que tens reservado para mim. Por favor, dá-me a tua graça para caminhar em confiança.

O AMOR ACREDITA NO MELHOR

ACREDITE NO MELHOR. Determine em seu coração agora pensar, acreditar e falar o melhor sobre todas as situações e sobre todas as pessoas — incluindo você mesma. Percebi que você geralmente pensa, acredita e fala o pior quando aceita as mentiras que o inimigo sussurrou. Como o homem imagina em sua alma, assim ele é.

A vida e a morte estão no poder da língua. O amor pensa, acredita e fala o melhor em todos os momentos. O amor suporta tudo e está sempre pronto e disposto a pensar, acreditar e falar o melhor. Eu acredito em seu melhor.

1Coríntios 13:7; Provérbios 23:7; Salmos 19:14

⇝ Oração ⇜

Eu concordo com o teu conselho de pensar, acreditar e falar o melhor. A tua sabedoria vai me ajudar a parar os esquemas do inimigo contra a minha alma. Derrama o teu amor em meu coração novamente para que eu possa caminhar nesta verdade?

Determine fazer a vontade de Deus

Você pode fazer tudo o que determinar em sua mente. Mas será melhor se fizer o que determinei em *minha* mente para fazer. Não siga a sua própria sabedoria. Ela vai levá-la para longe. A sabedoria do homem sem mim é geralmente defeituosa. Dependa da minha sabedoria e você caminhará em caminhos cheios de paz. Determine seu coração para seguir o meu coração.

Eu conheço a mente do Pai. Ele ama você e tem um bom plano para você. Então esteja determinada, mas determine fazer a vontade do Pai em vez de fazer a sua própria vontade, e estará sempre satisfeita com o resultado.

1Coríntios 8:2; Efésios 5:15-17; Tiago 4:15

✦ Oração ✦

Não quero ser sábia aos meus próprios olhos, então determino o meu coração para te seguir mesmo quando parece como se eu estivesse indo para o caminho errado. Dá-me ouvidos para ouvir a tua sabedoria e conhecer a tua vontade para que eu possa caminhar nelas todos os meus dias?

O Pai é o seu provedor

O Pai pode suprir todas as suas necessidades de acordo com suas riquezas da glória em Cristo Jesus. Sua salvação provê todas as suas necessidades, incluindo a prosperidade. A sua parte é buscar em primeiro lugar o Reino de Deus e sua justiça. Tudo que você precisa será provido à medida que você colocar a sua mão no arado — no serviço — que eu lhe dei. Rejeite o medo da provisão financeira. Rejeite a mentalidade de pobreza e receba as palavras de vida sobre as suas finanças. O Pai é um Deus mais do que suficiente e ele é bem capaz de cuidar de você.

Filipenses 4:19; Mateus 6:33; Salmos 50:10

Oração

O Pai sabe como me dar os bons presentes — ele tem todas as cabeças de gado aos milhares nas colinas. Eu sou grata que ele seja um bom Pai. Ajuda-me a entender os princípios financeiros do teu Reino — semear e colher — para que eu possa caminhar na prosperidade que Cristo me ofereceu.

O meu amor em você lhe mostra que é uma discípula de Cristo

Tratar os outros da forma que quer ser tratada não é uma tarefa difícil — se ama a si mesma do modo que eu a amo. Então, tire algum tempo a cada manhã para receber o meu amor e permitir-me derramar o meu amor em seu coração várias vezes, para que possa derramá-lo nos outros. As pessoas saberão que você é discípula de Jesus pelo amor que você tem por elas. Então, deixe-me amá-la, me ame de volta, ame a si mesma e ame aos outros hoje. O Pai se regozijará em você com brados de alegria.

Lucas 6:31; João 13:34-35; Sofonias 3:17

Oração

Eu quero que as pessoas me reconheçam como uma discípula de Jesus, e isso significa caminhar em amor mesmo quando elas não estão caminhando em amor comigo. Irás tu me fazer lembrar de parar a cada manhã para receber o teu amor antes de eu entrar neste mundo que não ama?

Você é o nosso tesouro

Você não sabe que é a menina dos olhos de Deus? Não entende que você é a amada de Cristo? Não percebe que eu habito em você o dia inteiro, todos os dias, sempre? Você é como uma joia sem preço, um tesouro que guardo perto do meu coração, um bem valioso sem o qual não quero ficar. O Pai entregou Jesus como seu resgate, Cristo a comprou com o seu sangue, e eu a selei. Nós não vamos deixar você ir. Somente não se desvie. Mantenha seu coração firmado em nós. Nós amamos você.

Zacarias 2:8; Salmos 17:8; Deuteronômio 32:10

Oração

As tuas palavras tocam o meu coração. Estou maravilhada por teu amor. Ajuda-me a manter o meu coração firmado em ti. Faz-me lembrar do amor do Pai por mim quando estou sentindo o estresse da vida diária. Revela o coração de Cristo para mim, e eu me alegrarei.

Incentive-se em mim

Seja incentivada hoje. Deixe-me incentivar o seu coração. O que é difícil para você não é difícil para mim. Incline-se para minha graça e você será capacitada com tudo o que precisa. Você já está equipada para enfrentar todos os desafios que surgem em seu caminho. Você é uma vencedora. Eu habito em seu espírito e eu sou maior do que qualquer inimigo que vem contra você. Saiba disto e faça como Davi fez: incentive-se em mim. Eu estou com você.

1Samuel 30:6; Salmos 23; Provérbios 30:5

Oração

Nada é muito difícil para ti e quando eu me concentro em tua palavra e em tua vontade e em teu amor, nada é muito difícil para mim. Quando o inimigo vem contra mim como uma enchente, mova o meu coração para me incentivar em ti e com tua palavra.

22 de novembro

Avance para se preparar

Assim como eu dei a destreza, a habilidade e o conhecimento para Bezalel para trabalhar na arca da aliança, eu lhe dei a destreza, a habilidade e o conhecimento de fazer tudo que eu lhe chamei para fazer. Mas você ainda precisa afiar a sua destreza, exercitar as suas habilidades e aumentar o seu conhecimento se quiser continuar fazendo a diferença no seu reino de influência. Não seja complacente nesta hora. Avance porque tenho novas missões para você. Avance agora para se preparar. Eu preciso de você.

Êxodo 35:30-35; 2Timóteo 2:15; 1Pedro 3:15

→ Oração ←

Eu recebo qualquer oportunidade de te servir. Por favor, ajuda-me a separar corretamente a Palavra da verdade e ser uma ministra eficaz do teu evangelho no meu reino de influência. Ajuda-me a usar os dons e talentos que tu me deste para fazer uma diferença eterna.

Eu não deixo de perdoar os seus pecados

Eu não dei a Sansão a força para derrotar os meus inimigos mesmo após ele ter se afastado do meu coração? Quando você peca, isso me aflige por um momento, mas quando você volta o seu coração para mim em arrependimento, eu me alegro. Eu não deixo de perdoar os seus pecados e eu não vou reter o poder, os dons, ou qualquer coisa que você precise para fazer o que eu a chamei para fazer e derrotar os inimigos que se levantam para a sua queda. Eu estou do seu lado. Eu sempre estou do seu lado. Então, faça a si mesma um favor: fique do meu lado.

Juízes 15; Romanos 11:29; Salmos 118:6

Oração

Tu és tão gracioso, bondoso, poderoso, e misericordioso! Por favor, ajuda-me a lembrar que quando eu peco, tu estás pronto para perdoar — e conduz-me não para a tentação, mas livra-me do mal. Fortalece o meu espírito para se opor aos enganos do maligno para que eu venha te agradar.

Eu lhe darei as instruções

Eu tenho o esquema. Eu tenho os planos. Eu tenho as chaves. Eu tenho o padrão. Assim como eu dei a Davi as instruções de como construir o templo, assim como eu dei a Moisés as instruções de como construir a arca da aliança e assim como eu dei a Noé as instruções de como construir a arca que salvou a humanidade, eu irei dar-lhe as instruções de como construir todas as coisas que eu a chamei para construir. Eu irei compartilhar o esquema, os planos, as chaves e o padrão. Peça-me as instruções, e eu lhe mostrarei o plano do Pai em seu tempo.

Provérbios 19:20; Provérbios 4:13; Salmos 32:8

Oração

Tu és fiel para compartilhar os teus planos com o teu povo, então eu esperarei em ti para me mostrar os planos para o meu futuro, para me ensinar o caminho que eu devo ir. Por favor, ajuda-me a me apegar à tua instrução para que eu venha a ter êxito em fazer o que tu queres que eu faça.

Volte para mim

Eu sou o único que pode satisfazer seu coração. Então, quando você começa e se sentir descontente no espírito e na alma, volte para mim. Volte para o meu coração. Venha e fique em comunhão comigo por um momento. Estou sempre disposto e disponível para alimentar seu espírito faminto com minha verdade. Estou esperando e observando você virar a cabeça em minha direção para que eu possa preenchê-la novamente. Estou sempre esperando para ouvir seu clamor a mim para que eu possa respondê-la. Não espere até se sentir insatisfeita e descontente antes de me visitar. Venha diariamente aos meus poços de incentivo e amor.

Mateus 5:6; Efésios 5:28; Hebreus 13:5

Oração

Estou clamando a ti agora. Tenho fome e sede por mais de ti. Atrai-me para ti e preenche-me novamente com o teu Espírito. Estou aqui com o coração aberto para receber seu incentivo e amor. Eu preciso mais de ti.

Dou graça ao humilde

Eu dou graça ao humilde. Quem são os humildes? Os humildes são aqueles que lamentam e choram sobre o pecado — e então pedem perdão. Os humildes são aqueles que pedem ao Pai o que precisam. Os humildes são aqueles que atendem meu chamado de orar e jejuar. Os humildes são aqueles que rasgam seus corações, lamentam e choram sobre o pecado da nação — e então ficam na brecha por aquela nação. Minha graça é suficiente para tudo o que você precisa. Ore pela graça e a receba com um coração humilde. Estou pronto, se você estiver pronta.

Tiago 4:6; Tiago 4:8-10; 2Coríntios 12:9

Oração

Obrigada por tua graça. Obrigada pelo dom do trabalho. Obrigada pelo privilégio de estar na brecha em intercessão pelas pessoas e lugares. Confio em ti para derramar a tua graça em meu coração agora para que eu caminhe mais humildemente diante de ti.

Receba a minha graça para encobrir as falhas e os erros

À MEDIDA QUE VOCÊ conhece melhor as pessoas, começará a ver as falhas e erros delas. Elas irão decepcioná-la. Perdoe-as. Ficará mais fácil para perdoar as pessoas à medida que me conhecer melhor. Seja lá quanto tempo passar comigo — seja lá o quanto você me conheça bem — não encontrará falhas e erros em mim. Eu sou santo. Mas encontrará a graça e o amor para encobrir suas falhas e erros — e dos outros ao seu redor — enquanto permanece em comunhão comigo.

MATEUS 7:1-5; EFÉSIOS 4:32; COLOSSENSES 3:13

✦ Oração ✦

Sei que não sou perfeita, e não quero julgar ninguém. Ajuda-me a não criticar as pessoas que não fazem as coisas do jeito que acho que deviam fazer. Ajuda-me a ser compassiva e bondosa com as pessoas, mesmo quando elas me tratam mal.

Peça pelos desejos do seu coração

Pelo que você é capaz de acreditar no Pai? Pelo que você tem dificuldade de crer nele? Eu já sei as respostas, mas quero que considere as perguntas e confronte os inimigos da sua fé. Quero que reconheça as vozes da dúvida e do medo que vêm roubar as promessas do Pai para você. *Todas* as promessas do Pai são sim e amém — elas pertencem a você em Cristo. A Palavra é a verdade, e ele é capaz de fazer muito mais em sua vida do que está registrado na Bíblia. Jesus é o Senhor. Comece pedindo os desejos do seu coração e recuse mais a se prostrar diante das táticas que roubam a fé do inimigo.

Mateus 19:26; Gênesis 18:14; Efésios 3:20-21

Oração

Posso ver alguns dos inimigos da minha fé. Obrigada por me capacitares para vencê-los, pouco a pouco, enquanto medito em tua Palavra. Peço-te agora por aquelas coisas que não ousei pedir no passado. Estou pedindo os desejos do meu coração.

Quero um relacionamento mais profundo com você

Quero que você chegue mais perto. Mais perto! *Ainda mais perto.* Quero que esteja tão perto de mim que ouvirá não só a minha voz, mas também as batidas do meu coração com clareza inconfundível; que sentirá meu amor maravilhoso por você; que sentirá minha fragrância. Quero que me conheça do modo que eu a conheço. Quero um relacionamento mais profundo e mais íntimo com você. Quero mais diálogos de coração para coração com você. Sei que quer as mesmas coisas. Mostrarei a você o caminho. Chegue mais perto.

Cântico dos Cânticos 2:10; Jeremias 31:3;
João 17:22-23

Oração

Quero conhecer o teu coração. Quero sentir tua doce fragrância e sentir teu amor por mim. Mostra-me como chegar mais perto de ti, e eu avançarei. Mostra-me o que tenho de colocar de lado para sentir a tua presença em outro nível, e farei isso.

VOCÊ VAI SE RENDER A MIM?

POSSO FAZER o impossível através de você, se você se render a mim. O que é impossível para o homem é possível para Deus. Estou procurando por alguém a quem eu possa me mostrar forte. Estou procurando por alguém que ficará na brecha. Estou procurando por alguém que dirá: "Eis-me aqui. Envia-me!" Estou procurando por alguém que será uma testemunha fiel, assim como é Cristo. Estou procurando por alguém como você. O que você me diz?

2CRÔNICAS 16:9; ISAÍAS 6:8; APOCALIPSE 1:4-6

ORAÇÃO

Se puder usar a minha vida para a tua glória, então a use. Não me sinto digna pelo alto chamado que tu tens para mim, mas sei que tu trabalhas através das pessoas. Capacita-me para fazer aquilo que preciso fazer. Dá-me a determinação de se render à tua vontade?

Dezembro

"Quem semeia para a sua carne, da carne colherá destruição; mas quem semeia para o Espírito, do Espírito colherá a vida eterna. E não nos cansemos de fazer o bem, pois no tempo próprio colheremos, se não desanimarmos. Portanto, enquanto temos oportunidade, façamos o bem a todos, especialmente aos da família da fé."

— Gálatas 6:8-10

Escolha seus conselheiros com sabedoria

Tome cuidado ao escolher aqueles a quem você pede conselhos. Nem todos são bons ouvintes. Algumas almas dos justos estão machucadas por feridas e mágoas não curadas, e eles filtram as experiências da vida através de suas dores passadas. A sabedoria que eles têm a oferecer, embora bem-intencionada, vem não de um rio de cura, paz e reconciliação, mas de uma corrente de ressentimento, amargura e falta de perdão. Lembre-se que nossa sabedoria é pura, depois pacífica e amável. Aprenda a discernir a diferença entre minha sabedoria e as palavras de conselheiros feridos.

1Reis 12:6-19; 2Timóteo 3:16-17; Tiago 3:17

Oração

Muitas vozes tentam falar em minha vida! Ajuda-me a manter a minha boca fechada quando estou perto daqueles que não podem me oferecer um conselho puro. Dá-me um coração sábio e com discernimento, e ajuda-me a ouvir a tua sabedoria nas palavras daqueles que me dão conselhos.

2 de dezembro

Incline-se para o meu coração

Incline-se para o meu coração. Quero que escute o que estou pensando sobre você. Quero que sinta o que estou sentindo sobre você. Meu coração está cheio de amor por você. Incline-se e escute o meu coração. Meus pensamentos em relação a você são bons, e meu amor por você é perfeito. Quando você se vir através dos meus olhos — através dos olhos do amor e através do sangue de Cristo — receberá prontamente o meu amor, amará a si mesma, e aos outros. Incline-se para o meu coração.

Sofonias 3:17; Isaías 62:5; Salmos 147:11

→ Oração ←

Quero ouvir o que estás pensando de mim e sentir o que tu estás sentindo sobre mim. Ajuda-me a perceber tua presença e sentir o teu coração de amor em relação a mim. Dá-me uma revelação deste amor enquanto eu me inclino ao teu coração.

O PERFEITO AMOR EXPULSA O MEDO

NÃO PERMITA QUE o medo seja a sua primeira reação às respostas terríveis. Quando você vir ou escutar coisas que a preocupam, a levarei para a verdade, e isso provocará fé e amor em seu coração. Quando minha verdade, minha fé, e meu amor crescerem em seu coração, eles protegerão a sua mente do espírito do medo que está atacando sua alma. Quando você está em Cristo, não há motivo para temer — nenhum motivo. Jamais. O perfeito amor expulsa o medo — todo o medo. Deixe-me dar-lhe uma revelação do meu amor vencedor.

JOÃO 14:1; JOÃO 14:27; 1JOÃO 4:18

ORAÇÃO

Quando eu receber más notícias, quando coisas ruins acontecerem comigo e com as pessoas que eu amo, faz-me lembrar que tu estás comigo. Faz-me lembrar das Escrituras de que eu posso permanecer para combater as emoções terríveis que começam a invadir a minha alma. Faz-me lembrar que tudo vai ficar bem.

Apegue-se à esperança

O Pai é capaz de usar todas as partes do seu dia ruim, todas as partes do seu passado, todos os momentos de sofrimento e perseguição que você aguentou para o seu bem. Creia nisto com todo o seu coração e alma.

Nada que você enfrenta é demais para você. És uma vencedora. Nada do que você aguenta irá abalá-la ou destruí-la quando a esperança é a âncora da sua alma. Então apegue-se a esperança em todos os dias ruins, em todas as memórias do passado, em todas as experiências dolorosas e nas perseguições. O Pai está usando tudo em sua vida para o seu bem.

Gênesis 50:20; Romanos 15:13; Romanos 12:12

Oração

Sou tão grata que o Pai possa trazer o bem do mal. Isso é um milagre e é uma verdade que me dá esperança. Esperarei em teu amor. Eu esperarei em ti. Esperarei pacientemente. Certamente há um futuro e minha esperança não será sufocada. Coloca esperança em meu coração?

Dê-me sua total atenção

Não quero competir por sua atenção. Então, só por alguns momentos, dê toda a sua atenção para mim. Não pense nas tarefas que você deve realizar. Não pense nas ligações que você deve retornar. Não pense em tudo que você deve fazer hoje. Apenas sente-se em minha presença. A graça de lidar com o seu dia está disponível à medida que você precisa dela. Eu sou sua graça. Tenha comunhão comigo por alguns minutos, e tudo mais ficará bem mais fácil.

Mateus 6:33; Lucas 10:38,42; 2Coríntios 9:8

Oração

Eu me sentarei em tua presença e me alegrarei em ti. Ajuda-me a colocar minha mente em ti neste tempo e colocar de lado os cuidados importunos deste mundo para que eu possa buscar o teu coração e receber a tua graça. Eu estou disposta. Por favor, ajuda-me.

SACUDA A POEIRA

SACUDA A POEIRA dos pés. O inimigo da sua alma quer que você fique atolada na lama da rejeição, do medo e da falta de perdão. Mas este não é o meu plano para você. Estou levando-a para um lugar maior — sua terra prometida. As pessoas e os lugares ao longo da sua jornada tentarão fazê-la tropeçar e fazê-la cair na areia movediça do inimigo. Não olhe para as pessoas, nem para os lugares. Não olhe para os rostos daqueles que ficam entre você e minha vontade para a sua vida. Simplesmente sacuda a poeira dos pés e os abençoe à medida que você vive e age e tem o seu ser em Jesus.

MATEUS 10:14; ISAÍAS 54:2; JEREMIAS 1:8

ORAÇÃO

Ajuda-me a não levar para o lado pessoal as palavras das pessoas más. Dá-me um coração para abençoar aqueles que me amaldiçoam e para orar por aqueles que tentam me deter. Eu quero que eles te conheçam do modo que eu te conheço.

Pense em Deus

Qual foi a primeira coisa que você pensou quando acordou nesta manhã? Qual foi o último pensamento que se passou em sua mente antes de você dormir na noite passada? Você se lembra?

Queremos ocupar seus pensamentos. Queremos que os pensamentos do nosso amor por você invadam a sua alma quando dorme e quando se levanta. Queremos que medite na Palavra dia e noite para garantir o seu sucesso. Queremos que fale de nós com os outros e compartilhe nosso amor com eles. Mas você tem que nos conhecer primeiro. Pense em nós porque estamos pensando em você.

Salmos 63:1-8; Salmos 139:2; Salmos 1:2

Oração

Eu quero o que tu queres. Ajuda-me a considerar no que estou pensando para que eu possa eliminar os pensamentos que não estão alinhados com a tua Palavra. Faz-me lembrar das Escrituras, que ensinam sobre o teu amor, a tua misericórdia e o teu caráter. Escolho meditar em ti.

8 de dezembro

TODOS OS DIAS PODEM SER UMA AVENTURA

SEI QUE os dias são, em geral, comuns. Parece que eles são os mesmos antigos, repetidamente antigos, e você anseia por algo novo, diferente e empolgante. Mas eu lhe digo que todos os dias podem ser uma aventura se tiver tempo para escutar a minha voz e me seguir. Orar e obedecer levam a uma vida de empolgação santa que preenche os seus desejos santos. Você tem uma parte para desempenhar, para virar o mundo de ponta cabeça por Jesus. Ore e obedeça, e os dias mundanos darão caminho aos dias emocionantes. Tenha em mente o todo.

MARCOS 4:26-29; MATEUS 10:8; ATOS 17:6

ORAÇÃO

Estou pronta para ir em uma aventura santa contigo! Irei orar e obedecer! Deixa claro o que tu queres que eu faça. Ajuda-me a mudar a minha perspectiva para que eu possa ver o caminho mesmo quando os dias mundanos se encaixam em seus planos.

Eu posso operar milagres através de você

Se eu posso operar milagres por e através de Moisés, e Josué, e Sansão, e João, e Pedro, e Paulo, eu posso operá-los por você e através de você. Eu desejo ver meu poder manifesto em sua vida para fazer "os fatos inesperados" que você orou se tornarem realidade. Desejo usá-la para ajudar os outros receberem os milagres que eles têm clamado. Estude os relatos de milagres na Bíblia, e eu começarei a edificar a sua fé e ajudá-la a apreciar os pequenos milagres que eu faço dia a dia, que geralmente passam despercebidos. Aceite o reino do sobrenatural.

1Coríntios 12:8-10; 1Coríntios 12:28; Marcos 16:20

Oração

Embora eu busque primeiro o Reino de Deus e sua justiça, também desejo agir no reino sobrenatural para que o teu nome seja glorificado na terra. Toca o meu coração e ajuda-me a desenvolver a fé para a atuação dos milagres de acordo com a tua vontade.

Todas as coisas são possíveis

Por que você não ora por aquilo que acha que é impossível? Primeiro, simplesmente mude o seu pensamento. Todas as coisas são possíveis para quem crê. Todas as coisas são possíveis para o Pai. Nada é muito difícil para ele. Seu braço não é muito curto para se estender. Seus ouvidos estão inclinados para você. Ele ama quando você se aproxima do Seu trono de graça com ousadia, com orações que pedem e esperam aquilo que a maioria das pessoas acha que é impossível — aquilo que a maioria não ousará pedir. Então, veja as suas impossibilidades como possibilidades em Cristo e ore, peça, creia e receba o que o Pai planejou para você.

Lucas 1:37; Hebreus 11:1-3; Jeremias 32:17

Oração

A tua Palavra diz que se eu tiver fé do tamanho de um grão de mostarda, posso ordenar às montanhas que se lancem ao mar, e elas vão me obedecer. Ajuda-me a alinhar minhas palavras com a tua Palavra e falar a tua verdade da minha boca com fé. Eu creio em tua Palavra.

Entre no oceano da minha presença

Quero que você entre no oceano da minha presença tão profundamente que se afogaria se eu não estivesse lá para encontrá-la. Você se aventurou fora das águas rasas; se arrastou até os joelhos e depois até o pescoço. Mas o que tenho para você é tão profundo, que ficará totalmente imersa. Nenhum esforço da sua parte levará você para lá ou irá mantê-la lá, uma vez que entrar. O que eu tenho para você exige que se desprenda de todas as jangadas da vida e permita-se cair profundamente em meu amor com nada, a não ser eu para pegá-la. Eu estou esperando.

1Coríntios 2:10; Efésios 3:18; Salmos 5:7

Oração

O meu profundo está clamando pelo teu profundo. Leva-me ainda mais fundo. Irei me abandonar em teu amor e beber da tua graça. Quando eu estiver perturbada, revela o teu profundo amor e cuidado por mim. Mostra-me a profundidade do teu coração amoroso.

12 de dezembro

Eu irei ajudá-la a crescer mais forte

Eu vejo as suas fraquezas. Acha que elas me chateiam? Eu estou fortalecendo-a pouco a pouco à medida que eu vejo você avançando e seguindo em frente todos os dias. A sua perseverança me abençoa. Todas as escolhas corretas que você faz, cada passo que você dá em minha vontade me agrada. Mesmo quando tudo o que você pode fazer é permanecer firme, sua determinação me faz feliz. Eu não estou me concentrando onde você está; estou me concentrando em como levá-la para o próximo nível. Onde você é fraca, eu sou forte. Então, confie e dependa de mim passo a passo e dia a dia, e você crescerá mais forte em Cristo.

Isaías 41:10; Efésios 6:13; Efésios 3:16

Oração

Tu és a minha força. Em ti eu vivo e ajo, tenho a minha existência. Por favor, dá-me a força para continuar caminhando em tua palavra. Por favor, ajuda-me a fazer as escolhas certas alinhadas com tua verdade. Não posso fazer isso sem ti, mas contigo eu posso fazer todas as coisas.

Peça a Deus tudo o que você precisa

Jesus fez um caminho a um lugar santo para você através de seu sangue derramado. Você foi comprada por um preço. E é o bom prazer do Pai dar-lhe o Reino. Então, se aproxime do trono de graça do Pai com ousadia e peça o que precisa. O Pai sabe o que precisa antes de você pedir, e ele tem bons presentes para você. Ele quer que peça porque ele deseja ter um relacionamento com você. Então, busque o coração do Pai. Busque sua face. E não tenha medo de pedir-lhe nada. Ele ama você.

1Coríntios 6:20; Lucas 12:32; Mateus 7:11

Oração

Pai, eu estou vindo até o teu trono agora com ousadia porque eu sei que tu me amas. Tu sabes o que preciso antes de eu pedir, mesmo assim estou pedindo para tu me ajudares. Tu vês os problemas e tens as soluções. Por favor, age em minha vida com poder.

Experimente o poder da gratidão

A GRATIDÃO É UM princípio espiritual poderoso. Quando exercita a gratidão todos os dias, você começará a experimentar seu poder. Então, dê graças nas circunstâncias boas e ruins. Agradeça ao Pai depois que orar. Agradeça a Jesus por seu sacrifício na cruz por você. A gratidão eleva a sua alma, edifica o seu espírito, acalma as suas preocupações e edifica a sua fé. Então, seja grata em todas as coisas e experimente o poder da gratidão.

1Tessalonicenses 5:18; Salmos 107:1;
Efésios 5:20

Oração

Obrigada. Obrigada. Obrigada. Irei te agradecer em todo tempo e teu louvor estará continuamente em meus lábios. Ajuda-me a manter uma atitude de gratidão apesar das circunstâncias externas porque tu és digno de todo o meu louvor em todo tempo.

Ore como um verdadeiro discípulo

Desfrute do ministério da intercessão. Eu gosto de ouvir as suas orações. Eu amo vê-la avançar para ver a vontade do Pai ser feita na terra como no céu.

Jesus ensinou seus discípulos a orar. Sua oração não é uma fórmula de respostas à oração, mas é um padrão para uma oração intencional que traz resultados. Abra a sua Bíblia na oração do Senhor de novo, e permita-me mostrar-lhe como orar como uma verdadeira discípula de Jesus. Descobrirá que a oração enriquece os seus pedidos pessoais e a intercessão abre a vontade do Pai em seu tempo — às vezes, de formas que jamais teria imaginado.

Mateus 6:9-13; Marcos 11:24; Lucas 18:1

Oração

Eu quero ser mais eficaz na oração. Ensina-me a orar. Dá-me a revelação da oração do Senhor e eu irei aceitá-la em todos os meus dias. Mostra-me pelo o que orar e eu irei me associar contigo em oração. Dá-me um espírito de oração e uma unção para orar mais.

Mantenha um registro das minhas palavras e das suas orações

Meus diálogos contigo são santos, assim como eu sou santo. Eu jamais esqueço as verdades que compartilho com você. Eu sempre me lembro das orações que fiz por você. Eu as gravo em meu coração porque eu amo você.

Lembra-se dos nossos diálogos santos? Se escrever o que eu compartilho com você e registrar as suas orações para mim, ficará inspirada e incentivada quando vir as coisas pelas quais pediu se tornarem realidade. Escreva-as. Medite nelas. Reflita nas respostas de orações passadas. Registrar e rever os nossos diálogos fortalecerá a sua fé e o nosso relacionamento.

Malaquias 3:16; Isaías 49:15; Habacuque 2:2; Salmos 17:6

Oração

O teu conselho é sempre sábio e teus motivos são sempre santos. Ajuda-me a ter o hábito de escrever tudo o que tu me dizes, pois quando responderes minhas orações, eu terei ainda mais motivos para te louvar.

Você se beneficiará do sacrifício de ter comunhão comigo

O tempo que você investe em ter comunhão comigo pode parecer como um sacrifício em certos dias. E pode ser difícil para você transitar da minha presença para um mundo que está correndo sem levar em conta Deus ou o homem. Mas saiba que durante nossos momentos de comunhão estou agraciando-a para lidar com esse mundo acelerado. Por ter colocado o seu coração em mim, estou protegendo-a do mal desse mundo tenebroso. O tempo que investe tendo comunhão comigo pode ser um sacrifício em certos dias, quando se semeia no Espírito, colhe-se muitos benefícios, incluindo a vida eterna.

Lucas 18:1; Salmos 91:4; Gálatas 6:8

Oração

Oh, como amo a tua presença! Eu me sentaria em tua presença o dia todo se pudesse. Ajuda-me a unirmos o nosso tempo. Ajuda-me a reconhecer o fruto da nossa comunhão e motivar meu coração a colocar de lado as coisas imaturas.

18 de dezembro

Estou chamando-a para um novo nível de compromisso

Você foi crucificada com Cristo. Foi comprada por um preço. A sua vida não mais pertence a você. Renuncie-a e deixe Cristo viver através de você — completamente. Você viverá uma vida milagrosa se escolher esse caminho. Pegue sua cruz, negue-se a si mesma, e siga-o. Ele vale a pena.

Estou chamando-a para um novo nível de compromisso para a causa de Cristo, para ser um sacrifício vivo e uma testemunha viva que fala de Jesus. Então, escolha o caminho estreito e rejeite o espírito do mundo que tenta você a seguir a cobiça dos olhos, a cobiça da carne e a ostentação dos bens.

Gálatas 2:20; 2Coríntios 3:2; 1João 2:16

Oração

Escolho agora rejeitar minha vida e deixar Cristo viver através de mim. Mas sei que isso é uma escolha diária. Só a minha vontade não é suficiente para andar neste caminho. Fortalece o meu espírito para eu me levantar como um sacrifício vivo por Aquele que sacrificou tudo por mim.

Irei ajudá-la a abundar em esperança

A FÉ É A essência das coisas que esperamos. Sei que, de vez em quando, as situações parecem ser sem esperança. É como se alguns membros da sua família e amigos jamais fossem aceitar a Cristo. É como se a pressão jamais desse uma trégua. É como se suas orações jamais fossem atendidas.

Tenha certeza que o Pai está trabalhando para fazer todas as coisas belas em sua vida. Ele sempre chega na hora. Não pare de esperar. Quando começar a perder seu controle na esperança diante das circunstâncias, volte-se para mim porque é pelo meu poder que a esperança irá abundar em você.

Romanos 15:13; Isaías 61:3; Eclesiastes 3:11

Oração

Tu me deste o dom da fé e me deste uma esperança como uma âncora para a minha alma. Então, tenho tudo o que preciso para crer, mesmo diante daquilo que parece ser impossível. Faz-me lembrar dessa verdade quando minha alma lutar contra a desesperança.

Não deixe que a convicção roube sua alegria

Eu dou vida. Dou liberdade. E eu sou, em tão somente minhas convicções de pecado, injustiça e iniquidade. Minhas convicções trabalham para trazer vida, liberdade e justiça para sua alma. Então, quando eu a convenço, não deixe que sua convicção roube sua alegria. Não deixe oprimi-la. Não deixe isso fazê-la se sentir como se eu estivesse contra você.

Perceba que eu vim para expor aquelas coisas que impedem nosso relacionamento porque eu amo você. Entre em um acordo comigo. Afaste-se das coisas que eu lhe mostrar, e o sangue de Jesus irá purificá-la de todo o pecado, iniquidade e injustiça.

João 16:7-15; Romanos 8:1-2; 1João 1:9

Oração

Obrigada por tua graça e amor. Não há outro como tu. Tu és bom comigo mesmo quando eu não sou boa comigo mesma. Ajuda-me a ser pronta para perdoar a mim mesma assim como tu és para me perdoar quando falho em caminhar em tua Palavra.

Estabeleça sua vontade para fazer a vontade de Deus

Seu espírito está pronto, mas a carne é fraca. Mas onde você é fraca, eu sou forte. Posso ajudá-la a vencer sua carne. Posso fortalecer sua alma com meu amor.

Sua vontade é forte, mas não é tanto quanto eu sou. Quando alinha sua vontade com a minha, você pode vencer tudo. Não por força nem por violência, mas pelo meu Espírito, o Espírito de Deus. Então, estabeleça sua vontade para fazer minha vontade, mas dependa de mim para eu ajudá-la a caminhar.

Mateus 26:41; 2Coríntios 12:9-10; Zacarias 4:6

Oração

Minha carne é mais fraca do que gostaria de admitir; então, eu te agradeço pela força para vencer todas as fraquezas enquanto busco a vontade boa, perfeita e agradável do Pai para minha vida. Ajuda-me a me apoiar e depender de ti e não na minha própria força.

22 de dezembro

QUER VIVER EM PAZ?

SE QUER VIVER em paz, caminhar em paz, falar palavras pacíficas, e ter pensamentos pacíficos, então busque o que desejo. Eu sou o Espírito da paz. Se colocar sua mente naquilo que desejo, então viverá em harmonia comigo e matará a natureza pecaminosa com seus desejos cobiçosos. Se me der a direção do seu coração, viverá uma vida de paz abundante seja o que estiver acontecendo ao seu redor.

ROMANOS 8:2-6; SALMOS 26:2;
2TESSALONICENSES 3:16

ORAÇÃO

Sim, quero viver em paz. Anseio pela tua paz. Enquanto me comprometo a colocar minha mente nas coisas do espírito em vez de colocar nas coisas da carne, espero sentir tua paz. Dou-te a direção do meu coração e peço-te para me ajudar a me concentrar em ti.

Busque o amor acima de tudo

O amor nunca perece. Está tudo bem em desejar os dons espirituais, principalmente que possa profetizar a vontade do Pai para a sua geração. Mas busque o amor. Um dia, os dons espirituais cessarão; então, se gastar seu tempo se concentrando nos dons espirituais, às custas de buscar o amor, deixará passar os benefícios eternos. A fé para exercitar meus dons espirituais de acordo com minha vontade opera pelo amor. Então, busque o amor acima de tudo e confie em mim para usá-la como irei usá-la.

1Coríntios 12:7-11; 1Coríntios 14:1;
1Coríntios 13:8

Oração

Quero caminhar no sobrenatural, mas não às custas de caminhar em amor. Mostra-me como equilibrar minha busca pelos teus dons — que provam que Jesus está vivo — com minha busca pelo teu amor. Permite que eu manifeste os teus dons para a glória de Cristo.

JESUS TINHA VOCÊ EM MENTE

QUANDO JESUS VEIO à terra salvar o mundo, ele tinha você em mente. Quando ele caminhou pela terra fazendo milagres de cura e libertação, ele tinha você em mente. Quando ele esteve no jardim do Getsêmani rendendo-se totalmente à vontade do Pai, ele tinha você em mente. Quando ele ficou pendurado na cruz para redimi-la na maldição da lei — para se tornar maldição em seu lugar — ele tinha você em mente. E ele tem você em mente e no coração agora. Seu amor por você é perfeito.

JOÃO 3:16; LUCAS 22:42; JOÃO 19:30

ORAÇÃO

Eu te amo, Jesus. Obrigada por pagares o preço dos meus pecados. Obrigada por me libertares do poder das trevas. Obrigada por me receberes em tua família. Eu honro teu sacrifício no Calvário e peço-te para me dares uma revelação mais profunda da tua obra da cruz.

Receba o amor de Cristo

Jesus veio para buscar e salvar aqueles que estão perdidos — e você é sua preferida. Quando recebeu Cristo em seu coração, recebeu a esperança da glória. Embora ele tenha ascendido à direita do Pai, sua obra em sua vida não está completa. Ele sempre está intercedendo por você e ele quer um relacionamento íntimo com você.

Um dia, você o verá face a face e se tornará como ele é. Até lá, receba seu amor por você — amor que o motivou a entregar sua vida por você. Honre Cristo em seu coração e com seus lábios. Seja sua testemunha na terra.

Mateus 18:11; Hebreus 7:25; 1João 3:2

Oração

Obrigada, Jesus, por salvares minha vida! Ajuda-me a glorificar teu nome na terra. Capacita-me a alcançar os outros com a verdade que os liberta. Dá-me a graça de ser uma testemunha viva. Comprometo-me a exaltar teu nome em minha geração para que todos os homens sejam atraídos a ti.

NÃO SE APEGUE AOS RELACIONAMENTOS

Às vezes, as separações devem acontecer. Uma amizade íntima pode durar somente uma fase, e embora a conexão no espírito permaneça, a conexão diária cessa. Às vezes, as amizades a atrasam para onde estou levando-a — onde quero levá-la. Às vezes, seus amigos não são chamados para irem onde você vai. Isso não significa que você está deixando-os para trás; significa que está obedecendo minha direção. Você será reunida no final. Então, não tente se apegar a relacionamentos que eu ordenei como temporários. Apegue-se a mim.

ISAÍAS 43:18; SALMOS 32:8; PROVÉRBIOS 4:25

ORAÇÃO

Quero ter em minha vida os amigos que queres que eu tenha. Ajuda-me a liberar aquelas pessoas que estão me impedindo involuntariamente da tua vontade ou atrasando meu ritmo. Ajuda-me a liberar essas pessoas que tu estás me afastando.

Suas orações fazem a diferença

Você nem sempre vê o impacto das suas orações intercessoras, mas eu vejo. Estou lhe dizendo a verdade: todas as orações que você libera em nome da sua família, seus amigos, sua nação, os perdidos, a Igreja — todas as orações intercessoras que você faz — está liberando poder do Pai na terra. Sua oração libera os anjos. Suas orações tocam em meu coração para agir nas pessoas e situações. Você pode não ser capaz de ver a diferença, mas as suas orações estão fazendo uma diferença eterna. Continue orando.

1Timóteo 2:1-4; Efésios 6:18; Ezequiel 22:30

Oração

Creio no poder da oração. Conduz-me em oração intercessora profunda pelas coisas que mais têm importância para o teu coração. Dá-me as tarefas de oração que trarão o teu Reino e tua vontade à terra. Dá-me uma persistência na oração para a tua vontade.

SEJA O TIPO DE AMIGA PARA OS OUTROS DO MODO QUE SOU PARA VOCÊ

EU SOU SEU amigo. Sou o amigo mais chegado que um irmão. Quando seus outros amigos e sua família não a entendem, eu a entendo. Quando seus outros amigos estão muito ocupados para você, estou eu aqui por você. Se seus outros amigos a traírem, eu permanecerei fiel.

Busque ser o tipo de amiga aos outros do modo que sou para você. Esteja lá pelas pessoas. Caminhe com elas em suas tempestades. Edifique-as. Conforte-as durante os momentos de necessidade. E sempre as leve para Jesus. É a melhor coisa que uma amiga poderia fazer.

PROVÉRBIOS 17:17; PROVÉRBIOS 18:24;
PROVÉRBIOS 27:9

ORAÇÃO

Obrigada por seres um amigo para mim — e por me mostrares o que um verdadeiro amigo realmente é. Mostra-me as pessoas que precisam de uma amiga e ajuda-me a caminhar com elas, edificá-las e falar tuas palavras de vida para elas. Quero ser uma amiga verdadeira para muitos.

ACEITE AS MUDANÇAS DE RITMO QUE TRAGO EM SEU CAMINHO

NÃO HESITE EM, de vez em quando, mudar sua rotina quando envio para você novas oportunidades. Uma vida focada é uma vida poderosa, mas esteja disposta a ter tempo para esses momentos especiais que surgem de vez em quando. Não tenha medo de sair da sua agenda e entrar em algo novo. Se eu trouxe isso em seu caminho ou se estou a levando para isso, é algo bom. Boa parte da vida é feita de rotinas um dia após o outro. Aceita as mudanças ocasionais de ritmo que trago em seu caminho. Eles são simplesmente o que você precisa para ter uma revelação nova.

JOSUÉ 1:9; EFÉSIOS 2:10; 2TIMÓTEO 3:17

ORAÇÃO

Ajuda-me a ser flexível o suficiente para agir quando tu ages e atravessar as portas que tu estás abrindo, mesmo quando a mudança parece ser inconveniente. Não quero manter o status quo pelo status quo. Quero caminhar nas coisas novas que tu tens para mim.

Continue orando por quem você ama

Eu amo quem você ama muito mais que você. Vejo o quanto você sofre com eles quando eles sofrem. Isso também faz doer meu coração. Vejo o quanto você se alegra em suas vitórias. Eu também me alegro. Vejo sua preocupação por eles e ouço suas orações por eles. Continue orando e amando, mas saiba que nós os amamos muito mais que você. Através de suas orações e atos de amor, você está desempenhando um papel importante em suas vidas. Mesmo que eles não valorizem isso, continue orando. Estamos trabalhando nas vidas deles.

Romanos 12:15; 1Timóteo 2:1; Gálatas 5:13

Oração

Eu sei que tu ouves minhas orações sinceras pela família e amigos e te agradeço por estares trabalhando para fazer todas as coisas certas em suas vidas. Obrigada por ouvires meus clamores de intercessão, mesmo por aqueles que ainda não te conhecem.

Está pronta para o novo que Deus tem para você?

Veja, eu faço uma coisa nova. Está pronta para o novo que Deus tem para você? Não tenha medo das coisas novas que surgem no seu caminho nesses dias, meses e anos pela frente. Pois seja o que for — através dos bons momentos e dos momentos desafiadores — eu sempre estou com você. Eu sou seu Conselheiro, seu Advogado e seu Intercessor. Então vá em frente, minha amiga, porque somos por você. Você tem a vitória em Cristo.

Isaías 43:19; Isaías 41:10; Deuteronômio 20:4

Oração

Mal posso esperar para ver o novo que tu estás fazendo em minha vida. Ajuda-me a permanecer paciente e confiante em ti quando as coisas começarem a mudar. Faz-me lembrar para não temer quando as coisas parecem estremecer. Colocarei minha mente no prêmio, em Cristo.